WAS EIN GESICHT VERRÄT

SIMON BROWN

Was ein Gesicht verrät

Alles über die Deutung von
Charakter, Eigenschaften und Gesundheit

Mosaik

Originaltitel: „The Practical Art of Face Reading"
Copyright © 2000 Carroll & Brown Limited, London
Copyright Text © 2000 Simon Brown

Lektorat: Caroline Uzielli
Gestaltung: Gilda Pacitti
Fotos: Jules Selmes

Produktion der deutschsprachigen Ausgabe:
Redaktionsbüro Kramer, Weißenfeld/München
Übersetzung aus dem Englischen:
Rita Penney, Elba, Italien
Lektorat:
Rolf H. Kramer, Weißenfeld/München
Heike Kramer, Weißenfeld/München
Satz und dtp:
Anja Kramer, Weißenfeld/München
Umschlaggestaltung:
Heinz Kraxenberger, München
Umschlagfotos:
Bildarchiv Kraxenberger, München
Druck und Bindung:
Tien Wah Press
Printed in Singapore

ISBN 3-576-11447-5

Inhalt

1 *Gesichter und Gesichtszüge*

2 *So wenden Sie Ihr Wissen an*

3 *Machen Sie das Beste aus sich*

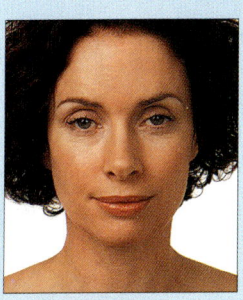

Was ist Gesichtsdiagnose?

Die Merkmale eines Gesichtes können sehr viel über einen Menschen aussagen. Die Kunst der Gesichtsdiagnose hilft Ihnen, Ihren ersten Eindruck besser einzuordnen, einen anderen schneller einzuschätzen und seine wahre Persönlichkeit zu erkennen. Die Gesichtsdiagnose wurde im Fernen Osten vor Tausenden von Jahren entwickelt.

Vielleicht waren Sie sich dessen nicht bewusst, aber schon Ihr ganzes Leben lang haben Sie Gesichter diagnostiziert. Immer wenn Sie einen neuen Menschen kennen gelernt haben, haben Sie unterbewusst und nach dem Eindruck seines Gesichts auch seinen Charakter beurteilt. Wirkt die Person freundlich oder zurückhaltend? Sieht sie müde oder munter aus? Diese Methode der Gesichtsdiagnose kann sehr spontan und instinktiv sein und hilft Ihnen, zu entscheiden, wem Sie vertrauen, mit wem Sie in bestimmten Situationen zusammen sein wollen und mit wem Sie eine romantische Beziehung beginnen möchten.

Im Geschäftsleben und auch privat mangelt es oft an Zeit, jemanden richtig kennen zu lernen, bevor wichtige Entscheidungen getroffen werden müssen. Durch die Fähigkeit, Gesichtszüge zu interpretieren, lernen Sie das Verhalten und die Persönlichkeit eines Fremden einzuschätzen. Sie werden aber auch Ihr eigenes Verhalten besser verstehen und sich selbst so präsentieren können, wie Sie von anderen eingeschätzt werden möchten. Die Gesichtsdiagnose kann also ein sehr nützliches Instrument in unserer modernen Lebensweise sein. Das sind ihre Vorteile:

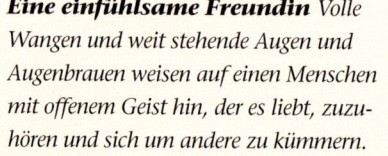

Eine einfühlsame Freundin Volle Wangen und weit stehende Augen und Augenbrauen weisen auf einen Menschen mit offenem Geist hin, der es liebt, zuzuhören und sich um andere zu kümmern.

Andere Menschen besser verstehen

Immer und überall auf der Welt haben sich die Schönheitsideale der Gesichter von Zeit zu Zeit verändert. Ein großer Vorzug dieser Methode ist, hinter die rein ästhetische Oberfläche zu schauen und das Gesicht als Spiegelung der jeweiligen Persönlichkeit zu erkennen. Die Gesichtsdiagnose hilft Ihnen, die wahren und oft versteckten Wesenszüge eines Menschen zu entdecken. Mit der Zeit werden Sie immer mehr Gefallen daran finden, Gesichter zu beobachten, denn sie repräsentieren so viele verschiedene und interessante Persönlichkeiten.

Die meisten menschlichen Konflikte entstehen durch Missverständnisse. Je mehr Sie über die Menschen wissen, desto besser werden Sie verstehen, warum sie sich so und nicht anders verhalten. Obwohl Sie vielleicht mit dem Menschen nicht einverstanden sind, werden Sie eine Lösung finden können, weil sie deren Motive kennen. Jemand mit einem dreieckigen Gesicht wird beispielsweise einen direkten, ehrlichen Ansatz in einer Auseinandersetzung vorziehen, während ein Mensch mit einem ovalen Gesicht besser reagiert, wenn Sie sich Zeit nehmen, seine Befürchtungen anzuhören und alle möglichen Probleme durchzusprechen.

Sich selbst besser verstehen

Das Erkennen Ihrer eigenen Gesichtszüge hilft Ihnen ungemein in Ihrer Selbsterkenntnis. Die Gesichtsdiagnose fördert Ihre Entscheidungskraft, hilft Ihnen bei der Berufswahl und steigert den Erfolg in Ihrem jetzigen Beruf. Sie hilft Ihnen, intensive und langanhaltende Freundschaften aufzubauen und harmonisch mit Ihrer Familie zu leben. Auch mögliche Krankheiten können Sie so abwehren, denn die Gesichtszüge geben lebenswichtige Informationen über Ihren Gesundheitszustand.

„Kein Zeuge ist besser als die eigenen Augen"

Aus Abessinien

Wenn Sie in der Gesichtsdiagnose Ihre Schwächen erkennen, können Sie alle negativen Qualitäten besser kontrollieren und ins Positive umkehren. Wenn Sie beispielsweise entdecken, dass Sie zu Intoleranz neigen, können Sie sich bewusst bemühen, mit bestimmten Personen oder in schwierigen Situationen geduldiger zu sein. Wenn Sie Ihre angeborenen Eigenschaften kennen, erlangen Sie ein tieferes Bewusstsein und können sich in jeder Situation mit Ihrem „besten Gesicht" zeigen.

Selbstbewusster sein in der Öffentlichkeit

Es ist ganz normal, dem Unbekannten gegenüber Vorbehalte zu haben – auch der selbstbewussteste Mensch reagiert gehemmt in unbekannten Situationen. Je mehr Sie sich auf Ihre Kenntnis der Gesichtszüge verlassen können, desto sicherer werden Sie sich beim Zusammentreffen mit Unbekannten fühlen. Nach einer Weile wird es zu Ihrer zweiten Natur, beim Kennenlernen eine schnelle Einschätzung vorzunehmen. Das hilft Ihnen, einen guten ersten Eindruck bei Ihrer neuen Bekanntschaft zu hinterlassen. Menschen mit kleinen Augen mögen beispielsweise das direkte Aufeinanderzugehen und offene und ehrliche Konversation. Menschen mit großen Augen ziehen dagegen eine entspannte Unterhaltung über die verschiedensten Themen vor – sie legen Wert auf ihre Fantasie und mögen es, wenn Sie sich für ihre kreative Seite interessieren.

Eine Beziehung verbessern

Wenn Sie sich nach einer Beziehung sehnen oder eine bestehende verbessern wollen, kann die Gesichtsdiagnose einen neuen Ansatz bieten. Sie suchen vielleicht nicht länger nach einem Partner mit hohen Wangenknochen, die auf ein sehr emotionales und ausdrucksstarkes Wesen hinweisen, sondern nach jemandem mit einem großen Mund – ein Zeichen für Abenteuerlust.

Sobald Sie eine neue Beziehung begonnen haben, kann Ihre Kenntnis der Persönlichkeit des Partners Ihnen helfen, sich mit ihm wohl zu fühlen und sicher zu sein, gleich von Anfang an eine intime und ehrliche Partnerschaft zu beginnen. Auch wenn später Probleme auftauchen, wird Ihre Fähigkeit Ihnen helfen, sie zu lösen.

Bessere Eltern werden

Bis die Kinder sprechen lernen, ist es manchmal unmöglich, ihre Gefühle zu verstehen oder zu wissen, was sie brauchen. Die Gesichtsdiagnose hilft Ihnen, die zu Grunde liegenden Charakteristika zu erkennen und mit dem Kind besser umzugehen. So können Sie auch seine Stärken und Schwächen entdecken, die guten Seiten betonen und die schlechten Eigenschaften „ausbügeln", solange das Kind noch klein ist.

Das Kind ermutigen *Die Gesichtsdiagnose hilft Ihnen, besser zu kommunizieren mit Ihrem Baby und herauszufinden, welche Talente es hat, so dass diese natürlichen Fähigkeiten schon im frühen Alter gefördert werden können.*

Die Wurzeln der Gesichtsdiagnose

Die Gesichtsdiagnose ist heute ein sehr wichtiges Hilfsmittel mit einer 5000 Jahre alten Tradition. Sie basiert auf dem Wissen von Tausenden von Ärzten und der Erfahrung von Millionen Patienten in der fernöstlichen Medizin.

Trotz ihrer Bedeutung im modernen Leben entstammt die Gesichtsdiagnose eigentlich der fernöstlichen Medizin. Sie diente als Diagnosehilfe der Ärzte. Damals und heute sollten damit beginnende gesundheitliche Probleme vorausgesagt und bestimmte Ernährungsweisen, Körperübungen und Meditationen empfohlen werden, um die Krankheiten abzuwehren, bevor sie auftraten. Zu den Diagnosetechniken gehörte die Untersuchung von Gesicht, Zunge *(s. S. 55)*, Händen, Puls, Akupressurpunkten, Körperhaltung und Verhalten. Einige Ärzte suchten auch mit Hilfe der Astrologie nach versteckten Schwächen. Alle diese Techniken werden noch heute in der fernöstlichen Medizin und von alternativen Therapeuten angewendet

In der Gesichtsdiagnose werden die einzelnen Gesichtszüge in Bezug auf ihre Position, ihre Größe und ihre Bedeutung im Gesicht analysiert. Auch die Knochenstruktur und die Farbe und Beschaffenheit der Haut werden untersucht. Man geht davon aus, dass jeder Teil des Gesichtes mit einem Körperorgan korrespondiert; die Nieren werden beispielsweise mit der Region unter den Augen in Verbindung gebracht. Ein Mensch mit geschwollenen Tränensäcken könnte durch zu viel Flüssigkeitsaufnahme anfällig werden für geschwollene Nieren. Tiefe Falten könnten bedeuten,

Geschichte der Gesichtsdiagnose

Die antike Kunst der Gesichtsdiagnose entstand vor Tausenden von Jahren, in der Zeit des Gelben Kaisers, als sie von fernöstlichen Ärzten zur Krankheitsdiagnose angewendet wurde. Die Tatsache, dass sie helfen kann, sich selbst und Freunde, Kollegen und Familienmitglieder besser zu verstehen, erklärt ihre Popularität heutzutage.

Ca. 500 v. Chr. Pythagoras studiert die Verbindung zwischen Aussehen und Verhalten.

Ca. 100 n. Chr. Im ausgehenden römischen Imperium verschaffte Polemon der Gesichtsdiagnose großes Ansehen.

2600 v. Chr. *Der Klassiker der Inneren Medizin des Gelben Kaisers* zeigt, dass die damaligen Ärzte schon ihre Vorstellungen über das Qi, über Yin und Yang und die Fünf Elemente entwickelt hatten.

551–479 v. Chr. Die Zeit von Konfuzius – die Gesichtsdiagnose wurde in China, Japan, Indien und Korea immer populärer.

Ca. 300 v. Chr. Aristoteles widmete der Physiognomie, also dem menschlichen Gesichtsausdruck, sechs Kapitel in seiner *Historia Animalium.*

980–1037 Avicenna erörtert sehr detailliert die Kunst der Gesichtsdiagnose.

dass die Nieren hart und geschrumpft sind, während eine dunkle Färbung dieser Region auf eine Stagnation in den Nieren hinweist.

So wie die Gesichtszüge mit einem bestimmten Organ in Verbindung stehen, so wird auch jedes Organ mit bestimmten Emotionen assoziiert. Dadurch konnten Ärzte im Altertum die Gefühle, die jemanden beeinflussten, durch die Gesichtszüge analysieren.

Die fernöstliche Medizin geht außerdem davon aus, dass es im gesamten Universum einen feinstofflichen Fluss elektromagnetischer Energie gibt, die auch durch jeden menschlichen Körper fließt. Sie fördert Informationen von einer Zelle zur anderen und vom Inneren des Körpers nach außen. In China wird sie Qi-Energie genannt *(s. S. 12–15)*. Sowohl physische als auch emotionale Eigenschaften des Körpers sollen auf der gleichen Qi-Energie beruhen. Über Jahrtausende hinweg wurden Karten erstellt, die zeigen, wie diese Qi-Energie und die damit assoziierten Gefühle die ver-schiedenen Körperteile beeinflussen – und wie sich diese Gefühle im jeweiligen Gesicht zeigen.

Die antike Kunst heute

Die Gesichtsdiagnose beeindruckte so wichtige Persönlichkeiten wie Aristoteles und Pythagoras. In jüngerer Zeit wurde diese Kunst von den Japanern George Oshawa und Michio Kushi weiterentwickelt.

George Oshawa wurde durch Doktor Sagen Ishizuka zu Beginn des 20. Jh. inspiriert und konnte einen ganz detaillierten Ernährungsplan für einen Menschen aufstellen, in dem er ihm nur ins Gesicht sah. Er war Wegbereiter für viele Grundlagen der Makrobiotik und des Heilens.

Während der 70er Jahre erweiterte Michio Kushi, ein Schüler von George Oshawa, die Gesichtsdiagnose mit Einsichten in die Gesundheit und Persönlichkeit eines Menschen. Seine Lehren inspirierten eine ganze Generation von Gesichtsdiagnostikern in den USA und in Europa.

1193–1280 Albertus Magnus setzte die Arbeit von Avicenna fort.

1780 Nanboku Mizuno, berühmt durch seine Kenntnis des menschlichen Gesichtsausdrucks, schrieb *Nahrung regiert das Schicksal.*

1758–1828 Franz Joseph Gall untersuchte den Einfluss der Kopfform auf das Gedächtnis und die Vorstellungskraft. Diese Wissenschaft wurde bekannt als Phrenologie und beeinflusste spätere Gesichtsdiagnostiker.

1970er Michio Kushi erneuerte die Kunst der Gesichtsdiagnose und entwickelte sie weiter. Heute ist er einer der führenden Experten auf diesem Gebiet.

1272 Der Astrologe von Friedrich II, Michael Scot, schrieb *De Hominis Physiognomia* – das erste Buch zum Thema Gesichtsdiagnose, das aber erst 1477 veröffentlicht wurde.

1741–1801 Johann Caspar Lavater, ein Priester und Dichter, schrieb das vierbändige Werk *Physiognomische Fragmente*. Er sprach auch leidenschaftlich gerne über diese Kunst und beeinflusste Schriftsteller wie Charlotte Bronte und Balzac.

1930er George Oshawa gründete, inspiriert durch Doktor Sagen Ishizuka, die Bewegung der Makrobiotik. Mit Hilfe der Gesichtsdiagnose wird hier die passende Ernährung für eine bestimmte Person ausgewählt.

2000 Anita Roddick, die Gründerin der Body-Shop-Kette, benutzt die Gesichtsdiagnose, um vom schablonenhaften Schönheitsideal wegzukommen – sie ist der Meinung, dass alle Gesichter es wert sind, fotografiert zu werden.

Der Anfang

Haben Sie große, tiefsitzende Augen? Hat Ihr Vorgesetzter schmale, dunkelrote Lippen? Durch die Gesichtsdiagnose lernen Sie solche Einzelheiten zu erkennen und auf verschiedenen Ebenen zu interpretieren. Sie erhalten eine genaue Kenntnis von sich selbst und anderen.

Die Gesichtsdiagnose können Sie jederzeit und überall durchführen – im Bus, bei der Arbeit, im Zug oder im Restaurant. Am besten ist es jedoch, bei sich selbst und vor dem Spiegel zu beginnen *(s. Kasten unten)*. Anfangs sollten Sie sich Notizen machen oder eine Fotokopie der leeren Gesichtsform am Schluss des Buches benutzen *(s. S.124)*.

Untersuchen Sie Ihre Gesichtszüge anhand des Leitfadens in Kapitel 3 *(s. S. 68–69)* so ehrlich wie möglich und schlagen Sie dann in Kapitel 2 (Gesichter und Gesichtszüge) die Bedeutung der einzelnen Gesichtszüge nach. Wenn Sie Ihr eigenes Gesicht diagnostiziert haben, können Sie mit anderen Menschen fortfahren. Sie können die Gesichter aber auch fotografieren, von vorne und im Profil *(s. S. 66–67)* und die zwei Gesichtskomponenten miteinander verbinden *(s. S. 20–21)*. Anfangs müssen Sie sich bestimmt noch Notizen machen und in diesem Buch nachschlagen, es ist deshalb ratsam, in der Familie und bei Freunden anzufangen. Später können Sie Ihre Kenntnisse auch in der Öffentlichkeit anwenden – vermeiden Sie es aber, den Menschen direkt ins Gesicht zu starren, denn vielen ist das unangenehm.

Wenn Sie mehr Übung darin haben, Gesichtszüge zu beobachten und die entsprechenden Verhaltensmuster zu entdecken, werden sich auch Ihre sozialen Fähigkeiten verbessern. Einer der größten Vorteile der Gesichtsdiagnose besteht darin, dass Sie sie fast in jeder Situation durchführen können, ohne dass jemand es bemerkt.

Übung macht den Meister

Mein Lehrer Michio Kushi verfeinerte seine Beobachtungsgabe, indem er sich an Plätze setzte, in denen er unbemerkt sehr viele Menschen beobachten konnte. Er schaute sich dann einen Tag nur Nasen an und am nächsten Tag nur Münder usw. Dadurch fand er heraus, was an jedem Gesichtszug wirklich wichtig war.

Das eigene Gesicht lesen

Schauen Sie sich Ihr eigenes Gesicht im Spiegel an und notieren Sie dann anhand der Prinzipien der Gesichtsdiagnose die Gesichtszüge so ehrlich wie möglich.

• Achten Sie darauf, dass die Haare nicht ins Gesicht fallen.

• Entfernen Sie Make-up und Schmuck.

• Halten Sie den Spiegel in Augenhöhe.

• Achten Sie auf ausreichendes Licht, so dass Sie alle Gesichtszüge gut erkennen können.

• Schauen Sie sich das Gesicht von vorne und mit Hilfe eines zweiten Spiegels (von rechts und links) im Profil an.

Gesichtsdiagnose über- all und jeder Zeit

Gesichter diagnostizieren können Sie überall, beim Ausgehen mit Freunden, auf dem Weg zur Arbeit oder auf einer Party. Wenn Sie die Gesichtsdiagnose erst einmal beherrschen, werden Sie das gesellschaftliche Zu- sammensein mehr genie- ßen, da Sie das Verhalten der Menschen besser voraus- sehen und entsprechend rea- gieren können.

Sie sollten anfangs sehr viel Zeit damit verbringen, Gesichtszüge zu beobachten, so dass Sie wissen, was man beispielsweise unter einer großen Nase, einem kleinen Mund und einer hohen Stirn versteht. Wenn Sie gelernt haben, einzelne Gesichtszüge zu erken- nen, können Sie Ihre Fähigkeiten bei Freunden und in der Familie anwenden und Ihre Erkenntnisse mit die- sen Ihnen bekannten Persönlichkeiten vergleichen.

Eine universelle Technik

Die Gesichtsdiagnose ist nicht dazu da, Menschen ver- schiedener Ethnien miteinander zu vergleichen. Wichtig ist es, zu erkennen, ob das Gesicht eines Menschen Hinweise auf seine Persönlichkeit und Verhaltensweisen gibt, und wichtig ist, dass die Analyse unabhängig vom Hintergrund der betreffenden Person durchgeführt wird.

> „Der Körper ist der Einband des Geistes, das Gesicht der Titel und das Auge der Name des Verfassers."
>
> **JOHANN WILHELM RITTER**

Regeln für die Gesichtsdiagnose

Immer, wenn Sie eine Fähigkeit anwenden, in der es um die Gefühle anderer Menschen geht, sollten Sie sehr vor- sichtig, taktvoll und zurückhaltend sein:

• Sie sollten ein Gesicht nur diagnostizieren, wenn Sie von der betreffenden Person darum gebeten werden.

• Geben Sie keine Erkenntnisse an Dritte weiter.

• Heben Sie die positiven Züge der betreffenden Person hervor, sofern Sie nicht um die Lösung eines bestimm- ten Problems gebeten wurden.

• Urteilen Sie nicht positiv oder negativ über die Gesichtszüge einer Person – betrachten Sie die Züge rein objektiv als Hinweis auf bestimmte Eigenschaften.

• Hören Sie auf Ihr Gegenüber, auch wenn die Kom- mentare nicht mit Ihren Beobachtungen übereinstim- men – die Gesichtsdiagnose behandelt nicht jeden Aspekt eines Charakters.

• Fällen Sie auf Grund der Gesichtsdiagnose keine festen Urteile über jemanden, denn das könnte Sie oder andere gegen die Person aufbringen.

• Wenden Sie Ihr Wissen auf positive Weise an – um Ihren Kontakt mit anderen zu verbessern und ihnen zu helfen, sich weiterzuentwickeln.

• Bleiben Sie immer offen.

Qi-Energie

Die Kunst der Gesichtsdiagnose ist tief verwurzelt in antiken Diagnosemethoden (s. S.8–9). Die Therapeuten gingen – und gehen – davon aus, dass es einen konstanten Energiefluss gibt, der alle Dinge im Universum miteinander verbindet. Diese Energie wird in China Qi genannt, in Japan Ki und in Indien Prana. Ich benutze den Begriff Qi-Energie.

Die Qi-Energie fließt ähnlich wie Blut durch den Körper. Im Körperzentrum gibt es sieben Schlüsselpunkte, an denen die Energie sehr aktiv und konzentriert ist, diese Punkte werden Chakren genannt *(s. gegenüber)*. Von diesen Schlüsselpunkten gehen 14 Energiekanäle – die Meridiane – aus, die in Armen, Beinen, Rumpf und Kopf verlaufen. Diese Kanäle transportieren das Qi zu jeder Körperzelle, vergleichbar mit den Blutkörperchen in den Kapillaren, die lebenswichtige Nährstoffe transportieren.

Mit dem Fluss der Qi-Energie werden Gefühle, Gedanken, Überzeugungen und Träume von einem Teil des Körpers in andere Teile übermittelt. Jegliche Veränderung des Qi-Flusses innerhalb des Körpers spiegelt sich wider in einer Veränderung des Qi auf der Körperoberfläche, d. h. Ihre äußere Farbe, Form und Hautbeschaffenheit wird beeinflusst durch eine Veränderung Ihrer persönlichen Qi-Energie. Aber auch Ihre Gefühle und Ihr persönliches Qi stehen in Wechselbeziehung zueinander; d. h. Ihr seelischer Zustand beeinflusst Ihre Qi-Energie und Ihre Qi-Energie beeinflusst Ihre Gefühle.

Durch die Beobachtung dieser Veränderungen war ein Arzt im Altertum in der Lage, die Gesundheit des Patienten zu erkennen und mögliche Unterbrechungen oder Blockaden des Qi-Flusses zu entdecken. Wenn Sie also zu Depressionen neigen, wird das Qi, das damit in Verbindung steht, durch den ganzen Körper zirkulieren und sowohl Ihre innere Gesundheit als auch Ihr Aussehen beeinflussen. Nach den Prinzipien der fernöstlichen Medizin, wirkt sich das depressive Qi zuallererst auf die Lungen und Gedärme aus und verursacht blasse, geschwollene Lippen, eingefallene Wangen und eine graue Hautfarbe.

Nach der Diagnose kann der Arzt dann Druck auf bestimmte Punkte dieser Meridiane anwenden und so die Blockaden des Qi, die die Krankheit verursachten, auflösen. Die heutzutage beliebten alternativen Therapien wie Shiatsu, Akupunktur und Qi-Gong basieren auf den Grundlagen, von denen die Ärzte im Altertum ausgingen.

Aufgestautes Qi

Wenn Sie dazu neigen, heftige Gefühle über längere Zeit aufzustauen, wird sich die Qi-Energie dieser Gefühle in Ihr Gesicht eingraben. Jemand, der in Verhältnissen aufgewachsen ist, die ihn immer wieder traurig oder einsam stimmten, wird feststellen, dass sich auch sein Gesicht so entwickelt hat, dass diese Gefühle immer wieder ausgedrückt werden.

Man geht davon aus, dass sich diese Stauung der Qi-Energie auch während der Entwicklung eines Babys im Leib der Mutter vollzieht. Die Gefühle, die die Mutter während der Schwangerschaft hat, werden in Form von Qi-Energie auf ihr Baby übertragen, Diese Qi-Energie beeinflusst später die Persönlichkeit des Kindes. In Ländern wie Japan achtet man sehr darauf, dass eine Mutter in dieser sensiblen Zeit immer glücklich, heiter und gut gelaunt ist. Zusätzlich wird auch großer Wert auf die Ernährung der Mutter gelegt, denn die Qi-Energie der einzelnen Nahrungsmittel hat auch einen Einfluss auf die Energie des Kindes und eventuell auf seinen Charakter und das Aussehen seines Gesichtes. Mit diesem Hintergrundwissen kann ein guter Gesichtsdiagnostiker auch Informationen über das Wesen der Mutter einer betreffenden Person erkennen.

Die Chakren und Meridiane

Die Qi-Energie fließt in 14 Kanälen, die Meridiane genannt werden, durch den ganzen Körper und konzentriert sich an bestimmten Punkten, den Chakren. Die Qi-Energie fließt wie eine Informationsautobahn, in einer modernen Analogie würde sie dem Internet entsprechen.

Qi-Energiefelder

Die Qi-Energie breitet sich mindestens 10 cm, manchmal aber auch bis zu einem Meter außerhalb des Körpers aus. Sie kann mit der Kirlian-Fotografie *(s. S. 14)* abgebildet werden. Grundlage dafür ist die Annahme, dass der Mensch ein elektrisches Wesen ist und diese elektrische Energie (das Qi) in Fotos festgehalten werden kann.

Kronen-Chakra
Zentrum der Einheit und des Intellekts

Stirn-Chakra (Hypophyse)
Zentrum der Wahrnehmung

Kehlkopf-Chakra
Zentrum der Fantasie und Kreativität

Herz-Chakra
Zentrum der Liebe und Zuneigung

Magen-Chakra (Solar Plexus)
Zentrum der Kraft

Hara-Chakra (Bauchnabel)
Zentrum von Sexualität und Genuss

Wurzel-Chakra (Steißbein)
Zentrum des Überlebens

Die eigene Qi-Energie erkennen

Die Qi-Energie weitet sich aus und umgibt den menschlichen Körper meist in einem Feld von 10 cm bis zu einem Meter. Die Qualität dieser Qi-Energie kann mit der Kirlian-Fotografie abgelichtet werden. Diese Form der Fotografie wurde 1939 von dem russischen Elektrotechniker Semyon Kirlian und seiner Frau entwickelt. Dabei werden Hände und Füße auf einer Maschine fotografiert, die Signale mit einer hohen elektrischen Frequenz ausstrahlt. Dieser Strom regt die Qi-Energie der betreffenden Person an, und der Film nimmt die Stärke der jeweiligen Reaktion auf. Wer diese Technik ausprobiert, wird feststellen, dass sich Farbe und Form des Energiefeldes je nach Gefühlszustand verändern.

Das Qi eines Freundes erkennen

Wenn Sie mit der unten gezeigten Technik Ihre eigene Qi-Energie gespürt haben, können Sie danach versuchen, die Qi-Energie eines Freundes zu spüren.

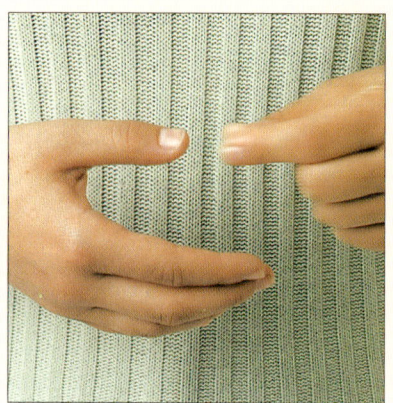

ERKENNEN DER EIGENEN QI-ENERGIE

So wie Sie die Qi-Energie eines Freundes erkennen können *(s. oben)*, können Sie anhand der folgenden Übung auch Ihre eigene Qi-Energie spüren.

Stehen Sie auf und reiben Sie die Hände kräftig gegeneinander, bis sie ganz warm sind. Reiben Sie die Handflächen, die Handrücken und die Seiten. Einen Schritt nach vorne machen, einatmen und beim Ausatmen die Hände nach oben strecken. Dann einen Schritt zurückgehen und den anderen Fuß nach vorn stellen. Die Atmung und Streckung wiederholen. Diese Folge mindestens dreimal durchführen. Dann die Hände ausschütteln; Handgelenk und Finger sind dabei ganz locker. Stellen Sie sich vor, dass Sie das Blut bis in die Fingerspitzen schütteln.

Dann mit Daumen und Zeigefinger den Daumen der anderen Hand von der Basis bis zum Nagel massieren. Auf beiden Seiten des Nagels pressen und einatmen. Beim Ausatmen sanft ziehen und dann Daumen und Zeigefinger schnell wegnehmen. Dabei stellen Sie sich vor, Sie sehen um Ihren Daumen herum eine mehrfarbige Energieflamme und weiten diese aus. Mit jedem Finger der Hand und dann an der anderen Hand die Übung wiederholen.

Bewegen Sie zuerst Ihre Hände um den Kopf des Freundes herum. Versuchen Sie, Stellen herauszufinden, die mehr Hitze oder ein größeres Magnetfeld ausstrahlen. Sie können verschiedene Entfernungen ausprobieren – zwischen 5 und 30 cm vom Kopf des Freundes entfernt. Bitten Sie Ihren Partner dann, sich an ein Ereignis aus der Vergangenheit zu erinnern. Die erste Arbeitsstelle, die Hochzeit oder einen bestimmten Urlaub. Sobald er sich auf ein Ereignis konzentriert, werden Sie spüren, dass am Hinterkopf mehr Hitze oder Qi-Energie ausgestrahlt wird. Bitten Sie Ihren Freund jetzt, an die Zukunft zu denken. Er sollte seine Fantasie dabei gebrauchen und nicht ein Ereignis aus der Vergangenheit in die Zukunft projizieren, er sollte sich also nicht einen Urlaub vorstellen an einem Ort, den er schon kennt.

Sie werden jetzt die Qi-Energie auf der Vorderseite des Kopfes spüren. Mit einiger Übung können Sie sagen, ob Ihr Freund an die Zukunft oder an die Vergangenheit denkt, ohne dass er es Ihnen vorher gesagt hat.

Jetzt halten Sie die Hände vor Ihre Brust. Mit jeder Einatmung stellen Sie sich vor, eine wunderschöne Farbe, ein Gefühl oder einen Ton einzuatmen. Wählen Sie das aus, was Sie am meisten inspiriert. Bei der Einatmung wölben Sie Ihren unteren Bauch und stellen sich vor, Farbe, Gefühl oder Ton füllt Ihren Bauch. Bei der Ausatmung stellen Sie sich vor, Farbe, Gefühl oder Ton steigt hoch in Ihre Hände. Wiederholen Sie das zwölfmal. Falls die Hände feucht oder klamm sind, reiben Sie sie gut ab. Danach reiben Sie sie zehn Sekunden lang aneinander.

Anschließend halten Sie die Hände etwa 2 cm auseinander und versuchen, sie näher aufeinander zu zu bewegen und weiter voneinander weg; langsam damit beginnen und auf die Empfindung in den Händen achten. Jetzt halten Sie die Hände etwas weiter auseinander und machen dasselbe. Sie können die Hände immer aufeinander zu und voneinander weg bewegen. Versuchen Sie es langsam, dann schneller, aus verschiedenen Entfernungen und mit größeren Bewegungen.

HABEN SIE EINE DIESER ERFAHRUNGEN GEMACHT?
• Ein Gefühl der Wärme zwischen den Händen beim Aufeinanderzubewegen.
• Das Gefühl, beim Auseinanderbewegen der Hände dieses Wärmefeld fast trennen zu können. Ein Kitzeln in Händen und Fingern.
• Das Gefühl, die Hände bewegen sich auseinander und aufeinander zu, als wären kleine Magnete in den Handflächen.
• Das Gefühl, da ist ein weicher Ball, der verhindert, dass die Hände sich berühren.

Das sind alles Erfahrungen des Qi, die im Shiatsu, Tai-Chi und Reiki benutzt werden, um den Heilungsprozess anzuregen. Auch in der Akupunktur und im Feng Shui wird die Qi-Energie auf diese Weise benutzt. Das Erste, was Menschen nach so einer Behandlung bemerken, ist, dass Sie emotional anders fühlen.

Yin und Yang

Diese zwei Wörter beschreiben das gegensätz-liche und sich doch ergänzende Wesen der Qi-Energie, die durch das Universum fließt. Ganz allgemein gesehen ist Yin die passivere Energie und Yang die aktivere.

Im gesamten Buch werden die Wörter Yin und Yang benutzt, um bestimmte Gesichtszüge und die dazu-gehörigen Charaktereigenschaften zu beschreiben. Dafür ist es aber wichtig, die grundlegenden Prin-zipien von Yin und Yang zu verstehen.

Yin und Yang bezieht sich auf alles im Universum, d. h. auch Sie selbst und Ihre Umgebung sind aus einer Kombination dieser zwei Eigenschaften zusam-mengesetzt – einige Dinge enthalten jedoch mehr Yin und andere mehr Yang. Das trifft auf die Nahrung zu, die Sie essen, die Orte, an denen Sie wohnen, und auf Ihre Tätigkeiten und Ihren Lebensstil. Am wichtigsten ist aber, dass auch Ihr Gesicht und die entsprechen-den Gefühle und Charaktereigenschaften eher Yin oder Yang sind. Dünne Lippen sind beispielsweise eher Yang (wie auch die Eigenschaften, die damit kor-respondieren – Ehrgeiz und Konkurrenzfähigkeit), während vollere Lippen (die auf Entspannung und Lethargie hinweisen) eher Yin sind.

Manchmal sind Menschen insgesamt zu sehr Yin oder Yang. Ein Mensch, der leicht reizbar und zornig ist, ist zu sehr Yang. Um dieses Ungleichgewicht zu

SIND SIE EHER YIN ODER YANG?

Ein guter Test ist der Vergleich mit anderen. Ein Mensch, der eher Yin ist, findet die Menschen um sich her-um vielleicht zu sehr Yang – ohne Mitgefühl, aggressiv und ungedul-dig. Während ein Yang-Typ sich an den Yin-Eigenschaften anderer Menschen stört – unentschlossen, langsam und schwach.

YIN

URSACHEN FÜR ZU VIEL YIN
Fernsehen
Alkohol
Zucker, Süßigkeiten, Eiskrem und Desserts
Sitzende Lebensweise
Feuchtes und dunkles Umfeld
Drogen
Kalte und gefrorene Lebensmittel
Aufenthalt drinnen

ZU VIEL YIN
Unentschlossen, depressiv, unsicher, ängstlich, besorgt, pessimistisch, überempfindlich

Menschen, denen es an Yang-Ener-gie mangelt, fühlen sich oft unsicher. Diese Unsicherheit kann Angst vor Bindungen hervorrufen. Im Extremfall denken diese Menschen, dass andere gegen sie sind und ent-wickeln eine Opfermentalität. Mit dieser geistigen Einstellung fühlen sie sich oft hilflos und geben leicht auf. Wer erst einmal diesen starken Yin-Zustand erreicht hat, wird über-empfindlich und leicht verletzbar durch Kritik. Unter diesen Umstän-den ist es für diesen Menschen ein-facher, depressiv zu werden und negative Gedanken zu hegen.

ETWAS MEHR YIN
Kreativ, flexibel, künstlerisch, offen, geduldig, mitfühlend, liebevoll, sanft, fantasievoll, introvertiert

Menschen, die etwas mehr Yin-Energie haben als Yang, sind oft sehr kreativ, fantasievoll und künstlerisch. Sie sind meist offen und denken über größere Aufgaben im Leben nach. Ihre Yin-Energie macht sie empfänglich für andere, es kann aber sein, dass sie ihre eigenen Gefühle verstecken.

beheben, muss er mehr Yin-Energie aufnehmen, indem er mehr Yin-Nahrung verzehrt (leichte Nahrung wie Salate und Früchte und viel Flüssigkeit), und mehr Entspannung suchen in Form von Lesen, Yoga oder Spazierengehen.

In allen Dingen ist gleichzeitig Yin und Yang enthalten, es gibt niemals nur Yin oder nur Yang. Jeder Mensch hat eine Mischung aus Yin- und Yang-Eigenschaften. So hat ein Mensch mit einer großen Nase (ein Yang-Merkmal, das für Stärke und Führungseigenschaften steht) vielleicht auch große Augen (ein Yin-Merkmal, das für Empfindsamkeit steht). An anderer Stelle im Buch *(s. S. 61)* werde ich erklären, wie man erkennen kann, ob Yin oder Yang vorherrscht.

Das Gleichgewicht der Yin- und Yang-Energie wechselt ständig – abhängig von den Tageszeiten, der Mondphase und der Jahreszeit. Die Mittagszeit im Sommer während Vollmond ist die Zeit des höchsten Yang, während Mitternacht im Winter bei Neumond das höchste Yin enthält. Durch die Kenntnis dieser Veränderungen können Sie die vorherrschende Qi-Energie in Ihrer direkten Umgebung feststellen und so für das Gleichgewicht Ihrer eigenen persönlichen Qi-Energie sorgen.

Wichtig ist auch zu wissen, dass Yin und Yang sich gegenseitig anziehen wie die zwei Pole eines Magneten. Wenn Sie sich zu Yin hin entwickeln, werden Sie feststellen, dass Sie eher Dinge anziehen, die Yang entsprechen. Jemand, der sehr Yang ist – logisches, präzises und schnelles Denken – ist der geeignete Geschäftspartner für eine Yin-Person, die weltoffener, kreativer und flexibler ist.

Da die Gesichtszüge die Charaktereigenschaften eines Menschen aufzeigen und entweder eher Yin

MEHR YANG

Schnelles Denken, konzentriert, genau, präzise, selbstsicher, selbstbewusst, verlässlich, extrovertiert, lebendig

Menschen, die etwas mehr Yang-Energie haben als Yin, sind von Natur aus extrovertiert und haben ausreichend Energie, körperliche Aktivitäten auszuführen. Meist sind sie ehrgeizig und zielorientiert und genießen es, etwas zu vollbringen. Sie übernehmen gerne neue Verantwortung. Sie reagieren schnell, sind ziemlich pünktlich und erwarten das Gleiche von anderen.

ZU VIEL YANG

Aggressiv, ungeduldig, launisch, gewalttätig, angespannt, gestresst, hyperaktiv, unsensibel, arrogant

Menschen mit zu viel Yang sind oft sehr ungeduldig, angespannt und können schlecht mit Stress umgehen, was meist zu Gereiztheit und sogar Zorn führt. Im Extremfall kann sich eine Bereitschaft zur Gewalt entwickeln. Oft sind sie aggressiv und spüren, dass sie zu ihrem Ziel kommen, wenn sie andere einschüchtern. Oft sind sie hyperaktiv und können sich schlecht entspannen. Sie wirken diktatorisch und verletzen in der Eile die Gefühle anderer. Zu viel Selbstsicherheit kann einen Yang-Menschen rechthaberisch erscheinen lassen.

YANG ➡

URSACHEN FÜR ZU VIEL YANG
Druck
Stress
Exzessive Arbeit
Fleisch
Salzige, zusammengekochte oder getrocknete Lebensmittel
Sport und Gymnastik
Reisen
Unrealistische Termine

oder eher Yang sind, kann die Gesichtsdiagnose Ihnen helfen, zu entscheiden, ob der Mensch eher einen Yin- oder Yang-Charakter hat. Durch die Beobachtung der Gesichtszüge können Sie eine bessere Beziehung zu ihm oder ihr aufbauen, Sie werden auch bemerken, wann er oder sie zu sehr Yin oder Yang wird und können der betreffenden Person dann helfen, die Qi-Energie wieder ins Gleichgewicht zu bringen.

Die Kenntnis dieser zwei Typen der Qi-Energie hilft Ihnen aber auch, Ihre eigene Persönlichkeit und Ihre Verhaltensmuster besser zu verstehen. Wenn Sie erst einmal wissen, ob Sie von der Anlage her eher Yin oder Yang sind und erkennen lernen, wann Sie zu sehr Yin oder Yang werden, können Sie Ihre Lebensweise so verändern, dass Sie Ihr energetisches Gleichgewicht und damit Ihre seelische und körperliche Gesundheit halten können. Einzelheiten über Ernährung, Tätigkeiten und Alternativtherapien in Bezug zu Yin und Yang finden Sie in Kapitel 3 (So machen Sie das Beste aus sich).

Gesichtszüge

Die Form des Gesichts, die individuellen Gesichtszüge und deren Anordnung entspricht jeweils entweder Yin oder Yang und spiegelt eine Yin- oder Yang-Persönlichkeit wider. Herunterhängende Augenbrauen entsprechen Yin und sind ein Zeichen für Sanftheit, während

Yin oder Yang? In diesen zwei Gesichtern finden sich die typischen Yin- oder Yang-Züge. Das Mädchen (oben) hat große Augen, volle Lippen und einen oval geformten Kopf. Im Gegensatz dazu hat der Mann (unten) Yang-Gesichtszüge – dünne Lippen, kleine Augen und eine tiefe Falte zwischen den Augenbrauen.

nach oben verlaufende Augenbrauen eher auf Yang und damit auf Spaß an körperlicher Aktivität hinweisen.

Die Linie des Kiefers spiegelt die Lebenseinstellung wider – eine kräftige, gut gezeichnete Linie und dünne Lippen sind beides Yang-Gesichtszüge und weisen auf eine entschlossene Lebenseinstellung hin. Im Gegensatz dazu bedeutet ein schmales Kinn zusammen mit großen, vollen Lippen, dass diejenige Person eine entspanntere und vorsichtigere Einstellung zum Leben hat.

Einige Gesichtszüge geben Hinweise auf den Gesundheitszustand der betreffenden Person. Die Haut unter den Augen zeigt die Lebenskraft, die in einem Menschen steckt. Wenn die Region geschwollen oder aufgedunsen ist, weist das auf zu viel Yin hin, während tiefe Falten unter den Augen zu viel Yang bedeuten. Das kann sich von Tag zu Tag ändern und ist ein gutes Barometer für den allgemeinen Gesundheitszustand.

Eine Analyse der Gesichtszüge in Verbindung mit Yin und Yang zeigt die Liste gegenüber, sie sollte aber nur als schneller Leitfaden dienen (jeder Gesichtszug wird ausführlich in Kapitel 2 analysiert – Gesichter und Gesichtszüge).

Yin-Gesichtszüge		Yang-Gesichtszüge
Lang und schmal mit graziler Knochenstruktur	**GESICHTSFORM**	Rund mit starker Knochenstruktur
Dünn, gerade, fallen leicht aus	**HAARE**	Dick und lockig oder gewellt
Lang, schmal und nach hinten verlaufend	**STIRN**	Groß, quadratisch, mit tiefen Furchen
Nach unten verlaufend	**AUGENBRAUEN**	Gerade oder nach oben verlaufend
Nicht vorhanden oder kaum sichtbar	**FALTEN ZWISCHEN DEN AUGENBRAUEN**	Tief und vertikal
Groß und weit auseinander, häufiges Blinzeln	**AUGEN**	Schmal und eng beieinander, kaum Blinzeln
Geschwollen und aufgedunsen	**HAUT UNTER DEN AUGEN**	Tiefe Falten
In der oberen Hälfte gut entwickelt, sitzen hoch am Kopf	**OHREN**	Gut entwickelt in der unteren Hälfte und tief am Kopf sitzend
Groß und weich an der Spitze	**NASE**	Klein und hart an der Spitze
Voll	**LIPPEN**	Schmal und straff
Nicht vorhanden oder kaum sichtbar	**LACHFALTEN**	Tief und erkennbar
Klein und schmal	**KIEFER**	Stark und gut gezeichnet

Die zwei Seiten des Gesichts

Die linke und die rechte Seite Ihres Gesichts zeigen verschiedene Typen der Qi-Energie. Bei den meisten Menschen tendiert die Qi-Energie auf der linken Seite dazu, aktiv und deshalb Yang zu sein, während die Qi-Energie auf der rechten Seite eine Tendenz zur Ruhe, also zu Yin hat.

Die Yin-Seite, also die rechte Seite Ihres Gesichts, ist die weibliche Seite und spiegelt deshalb Ihre Mutter und Großmutter wider, während die linke Yang-Seite den männlichen Aspekt, also den Vater und Großvater repräsentiert.

Die weibliche, rechte Seite des Gesichts wird mit der Qi-Energie der Erde in Verbindung gebracht und repräsentiert unsere grundlegenden Gefühle und Einstellungen, unseren persönlichen inneren Charakter und die Kreativität. Die männliche, linke Seite des Gesichts steht in Verbindung mit der Qi-Energie des Himmels und repräsentiert unseren logischen Geist und die von uns akzeptierte gesellschaftliche Maske. Sie beschreibt unsere kontrollierten Gefühle und die Persönlichkeit, die wir nach außen zeigen wollen. Manche gehen davon aus, dass diese Seite unsere sinisteren, also finsteren Aspekte unseres Charakters repräsentiert (sinister bedeutet *links* im Lateinischen).

Wem gleichen Sie?

Der Unterschied zwischen den zwei Seiten unseres Gesichts kann zeigen, von welchem Eltern-

SO STELLEN SIE DIE BILDER HER

Zuerst: Wenn Sie kein entsprechendes Foto oder Negativ haben, bitten Sie einen Freund, ein Foto von Ihrem Gesicht zu machen. Wichtig ist, die Kamera gerade auf das Gesicht zu halten, der kleinste Winkel verändert das Experiment völlig. Die Stirn und die Ohren müssen gut zu sehen sein. Dann lassen Sie den Film entwickeln und eine Reihe Fotos vom Negativ und eine Reihe Fotos vom umgedrehten Negativ herstellen. Die zweite Reihe zeigt Ihr Gesicht umgekehrt, d. h. die linke Gesichtsseite ist rechts und umgekehrt.

Danach wählen Sie ein Foto aus und nehmen das entsprechende aus der umgekehrten Reihe. Die Fotos senkrecht in der Gesichtsmitte auseinander schneiden.

Ihre Yin-Seite zeigt den Einfluss von Mutter und Großmutter.

oder Großelternteil wir mehr beeinflusst wurden. Um das besser zu erkennen, müssen Sie mit Fotos von der linken und der rechten Seite Ihres Gesichts zwei Bilder herstellen *(siehe Anweisung unten)*. Diese Bilder sind bekannt als „schimärische Gesichtskomposition".

Wenn die Bilder vor Ihnen liegen, suchen Sie in der rechten Seite die Ähnlichkeit mit Ihrer Mutter oder Großmutter. Danach suchen Sie nach Ähnlichkeiten mit Ihrem Großvater und Ihrem Vater. Dabei sollten Sie vor allem auf die Form und Größe der Augenbrauen, Augen, Ohren, Lippen und Mundseiten achten. Sie werden sicher erstaunt sein, wie unterschiedlich Sie aussehen auf den beiden Bildern. Kein Gesicht ist absolut symmetrisch und manche

„Studiere die Menschen, nicht um sie zu überlisten und auszubeuten, sondern um das Gute in ihnen aufzuwecken und in Bewegung zu setzen."

GOTTFRIED KELLER

Menschen haben sehr unterschiedliche Gesichtshälften. Gesichtsdiagnostiker assoziieren die Symmetrie eines Gesichts mit Ehrlichkeit. Ein symmetrisches Gesicht soll einen sehr ehrlichen Menschen widerspiegeln, während ein einseitiges Gesicht einen unehrlichen Menschen mit „zwei Gesichtern" repräsentiert.

Diese Übung hilft Ihnen, auf die Unterschiede zwischen rechter und linker Gesichtshälfte zu achten und fördert Ihre Fähigkeit, Gesichter zu diagnostizieren.

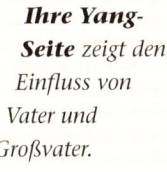

Ihre Yang-Seite zeigt den Einfluss von Vater und Großvater.

Dann nehmen Sie die rechte Seite aus dem ersten Satz Fotos und setzen es zusammen mit der linken Seite aus dem zweiten Satz und kleben beide mit einem Klebestreifen auf der Rückseite zusammen. Das ist Ihre rechte Seite, sie repräsentiert ihre weiblichen Verwandten.

Wiederholen Sie das mit der linken Seite des ersten Satzes und der rechten Seite aus der zweiten Reihe. Das ist Ihre linke Seite, sie repräsentiert die Wesenszüge Ihrer männlichen Verwandten. Vergleichen Sie die beiden Bilder, achten Sie auf Unterschiede.

Jeder Gesichtszug – von der Stirn bis
zum Kinn – kann sehr wichtige
Informationen über die Persönlichkeit
und Gesundheit eines Menschen
geben. In diesem Kapitel werden alle
Gesichtszüge und ihre Bedeutung
erklärt. Dies ist der wichtigste Leitfaden
für die Gesichtsdiagnose

Gesichter und Gesichtszüge

1

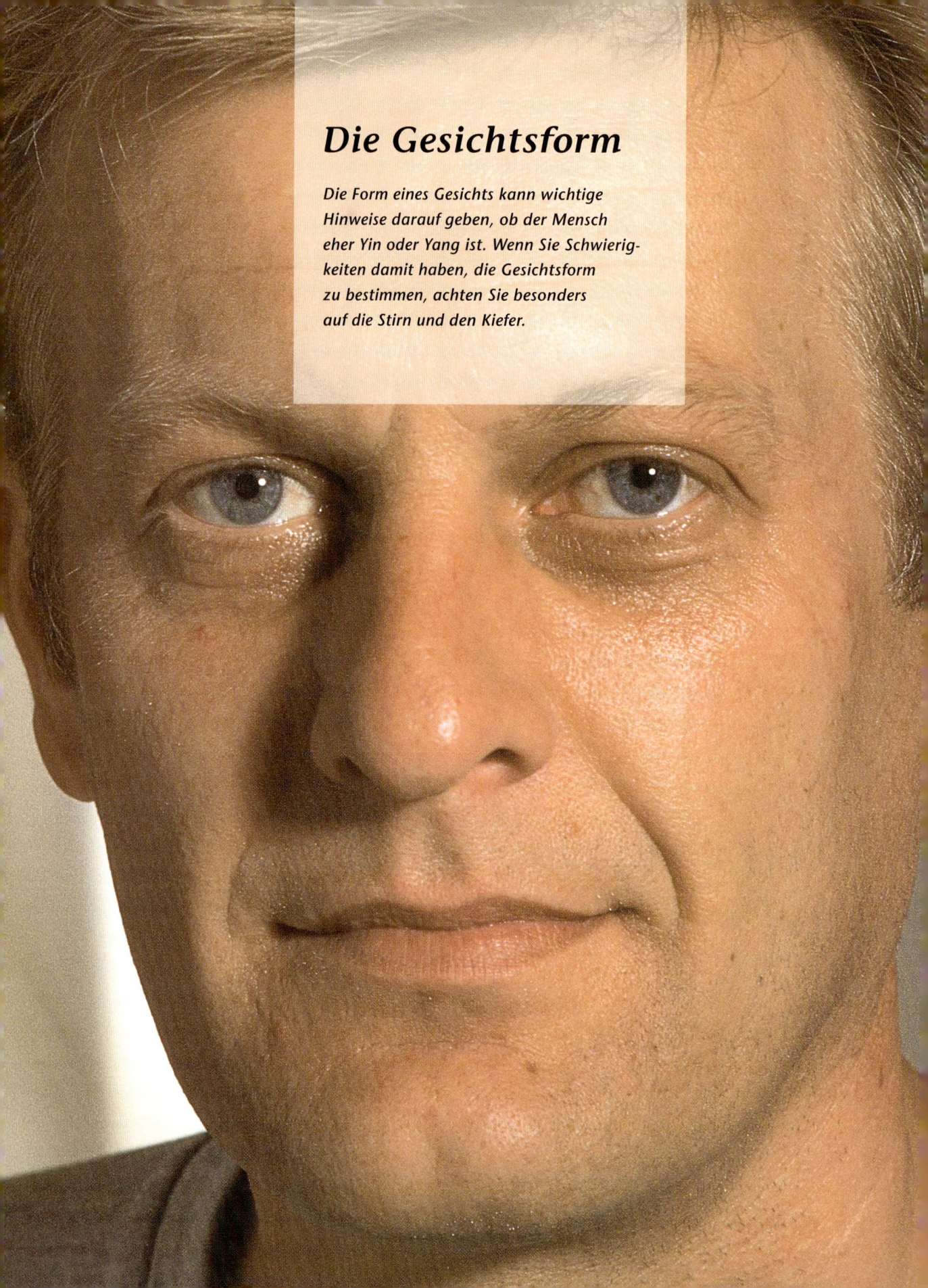

Die Gesichtsform

Die Form eines Gesichts kann wichtige Hinweise darauf geben, ob der Mensch eher Yin oder Yang ist. Wenn Sie Schwierigkeiten damit haben, die Gesichtsform zu bestimmen, achten Sie besonders auf die Stirn und den Kiefer.

DREIECK

Achten Sie auf einen kräftigen, breiten Kiefer, breite Wangen und eine schmale Stirn und dicht beieinander liegende Augen. Diese Menschen sind Yang und ihre herausragendsten Charaktereigenschaften sind Entschlossenheit, Stärke und Zuverlässigkeit. Sie haben viel Energie und lieben körperliche Aktivitäten. Durch ihre Selbstdisziplin und ihren Realismus überstehen sie auch schwere Zeiten gut.

UMGEKEHRTES DREIECK

Diese Gesichtsform wird dominiert durch eine hohe breite Stirn, einen schmalen Kiefer, einen langen, dünnen Nacken und weit auseinanderstehende Augen. Diese Menschen sind vorrangig Yin, haben einen aktiven Geist und lassen sich gerne geistig herausfordern. Sie lieben das Studium und diskutieren gerne. Aber Probleme und emotionale Schwierigkeiten gehen ihnen oft nicht aus dem Kopf und machen ihnen das Leben schwer.

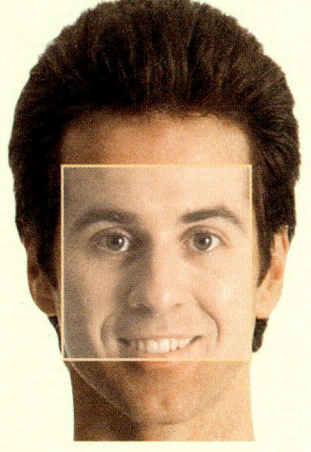

OVAL

Ein langes und schmales Gesicht, vor allem im Bereich der oberen Wangen, ist typisch für eine ovale Gesichtsform. Die Stirn ist meist hoch, der Kiefer schmal und das Kinn lang. Diese Menschen werden von Kreativität und Fantasie dominiert – oft sind sie künstlerisch veranlagt und sehr Yin. Sie sind sehr flexibel und können sich gut anpassen. Aber ihre Empfindsamkeit und ihre Liebenswürdigkeit führt dazu, dass sie sich Kritik zu sehr zu Herzen nehmen; sie suchen die Schuld nicht bei anderen, sondern sind zu schnell bereit, sich selbst schuldig zu fühlen.

QUADRAT

Diese Menschen haben eine kurze, breite Stirn und einen klar gezeichneten, eckigen und breiten Kiefer. Sie sind praktisch veranlagt, denken logisch und bringen Sachen schnell zu Ende. Sie sind vertrauenswürdig, zuverlässig, gut organisiert und in dieser Hinsicht also ziemlich Yang. Durch ihre starre Weltsicht fällt es ihnen schwer, sich zu ändern oder zu verstehen, dass andere Menschen anderer Meinung sind. Wegen ihrer väterlichen Ausstrahlung werden sie von Freunden oft um Rat gefragt.

RUND

Typisch ist die allgemeine Breite, vor allem jedoch in den oberen Wangen. Stirn und Kinn sind breit und kurz. Die Menschen sind hauptsächlich Yang und haben eine kräftige Konstitution. Meist haben sie eine ausgeglichene Einstellung und gehen Probleme mit dem gesunden Menschenverstand an. Sie können sich schwer auf Veränderungen einstellen und bevorzugen Stabilität und Kontinuität. Diese Menschen haben oft eine mütterliche Ausstrahlung; Freunde suchen bei ihnen Wärme und Zuneigung.

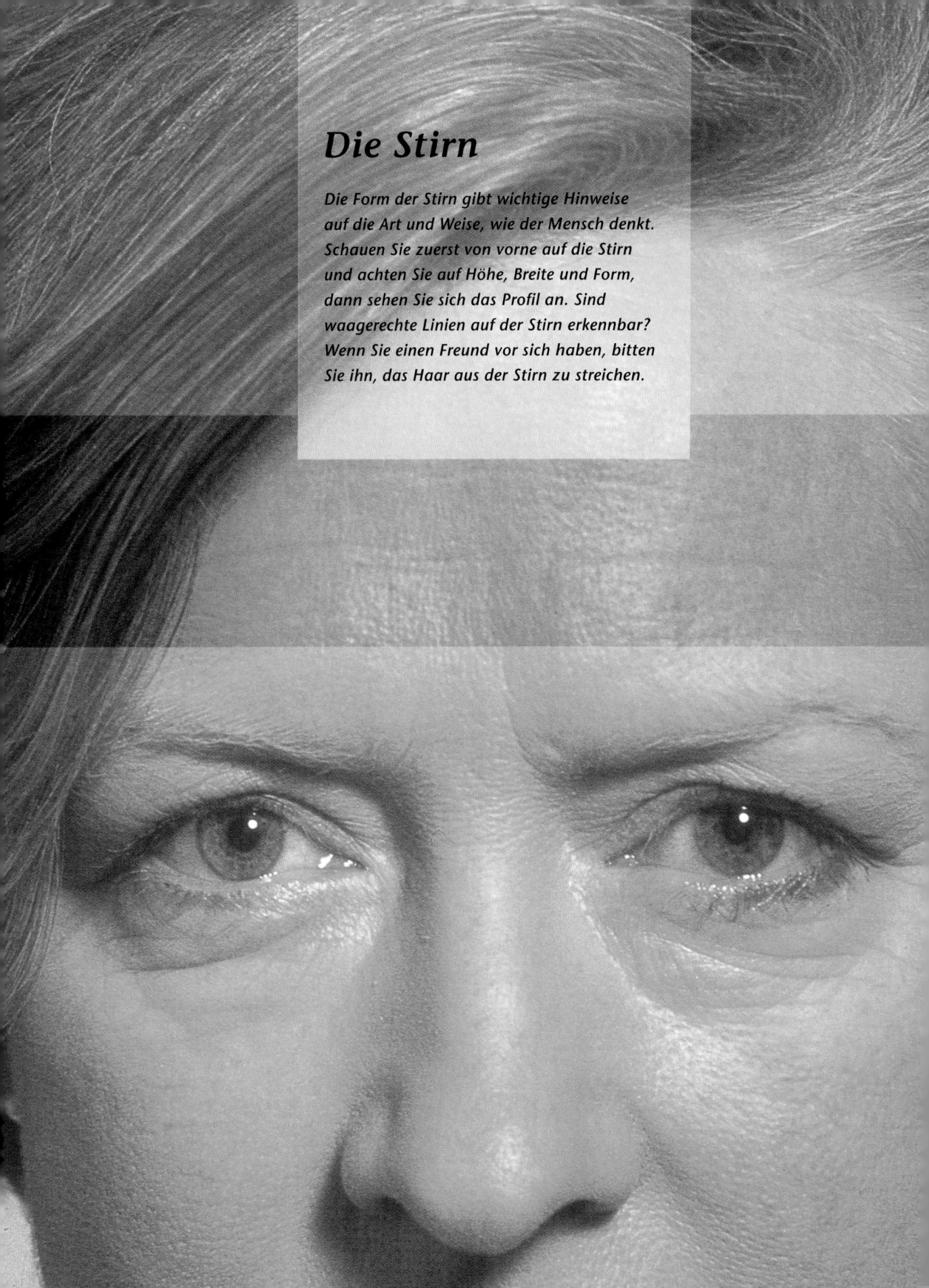

Die Stirn

Die Form der Stirn gibt wichtige Hinweise auf die Art und Weise, wie der Mensch denkt. Schauen Sie zuerst von vorne auf die Stirn und achten Sie auf Höhe, Breite und Form, dann sehen Sie sich das Profil an. Sind waagerechte Linien auf der Stirn erkennbar? Wenn Sie einen Freund vor sich haben, bitten Sie ihn, das Haar aus der Stirn zu streichen.

GROSS

Diese Stirnform ist gekennzeichnet durch einen großen Raum zwischen Augenbrauen und Haarlinie und weist auf einen intelligenten, wissenschaftlichen und aktiven Geist hin. Menschen mit einer großen Stirn neigen zu Tagträumerei oder zu inneren Dialogen. Sie verbrauchen viel geistige Energie mit ihren Gedanken an die Zukunft. Wenn der untere Teil der Stirn gut entwickelt ist, zeigt das, dass sie ihre Ideen auch praktisch umsetzen können. Sie sind geprägt durch einen großen Anteil an Yin.

KURZ

Hinter dieser Stirn mit wenig Platz zwischen Augenbrauen und Haarlinie verbirgt sich ein gut organisierter und scharfer Geist. Die Gedankenabläufe sind meist präzise und genau. Diese Menschen haben oft ein gutes Gedächtnis für Gesichter und Bilder und konzentrieren ihre Aufmerksamkeit vor allem auf die Gegenwart. Eine kurze Stirn weist auf viel Yang hin.

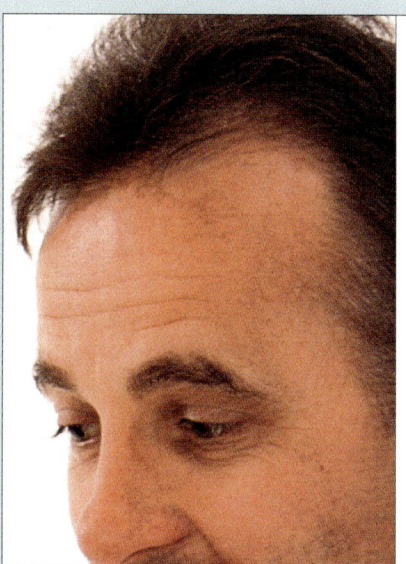

WAAGERECHTE LINIEN

Menschen mit waagerechten Linien auf der Stirn sind meist Yang, vielleicht als Ergebnis einer Ernährung, die zu viel Yang enthielt (viel Fleisch und salziges Essen) oder Stress und Sorgen oder weil sie das Leben zu ernst nehmen. Viele tiefe, horizontale Linien (mehr als drei) weisen darauf hin, dass zu viel Zeit mit Details und Lernen verbracht wurde. Solche Menschen werden leicht ungeduldig oder zornig.

RECHTECKIG

Achten Sie auf eine Stirn, die ziemlich hoch und breit ist. Gut organisierte und systematische Charakter haben oft eine rechteckige Stirn. Menschen mit dieser Stirnform sind selbstdiszipliniert und verantwortungsbewusst. Ihr Realitätssinn und ihre Entschlossenheit weisen auf einen starken Yang-Anteil hin.

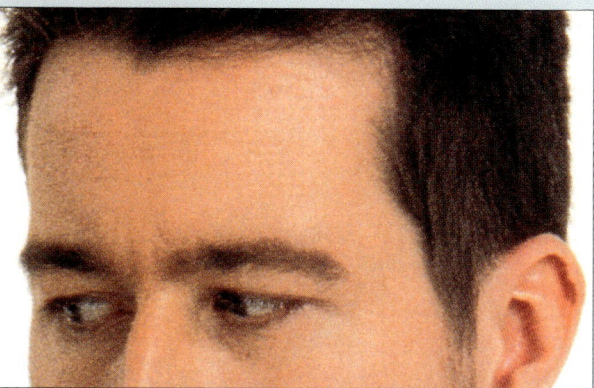

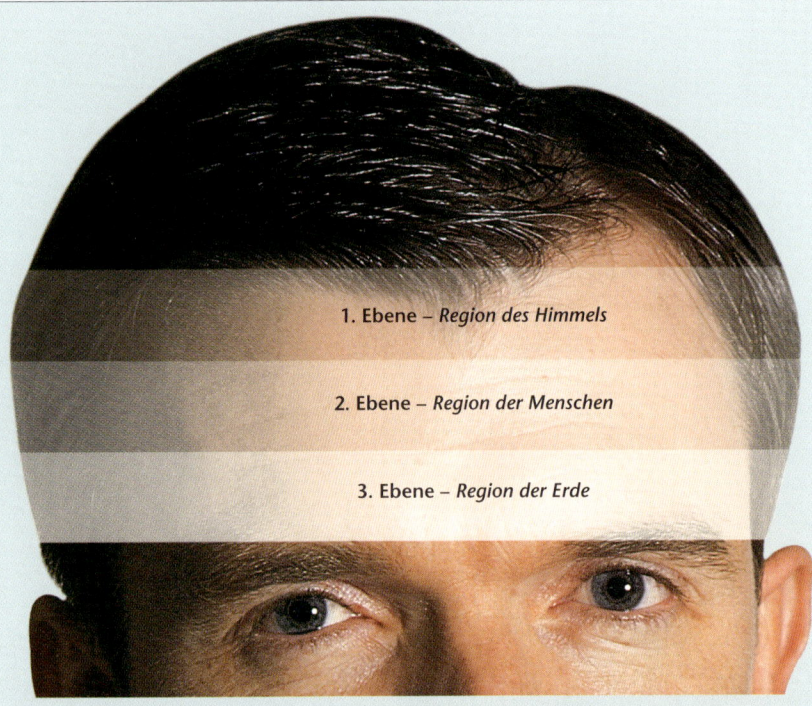

1. Ebene – *Region des Himmels*

2. Ebene – *Region der Menschen*

3. Ebene – *Region der Erde*

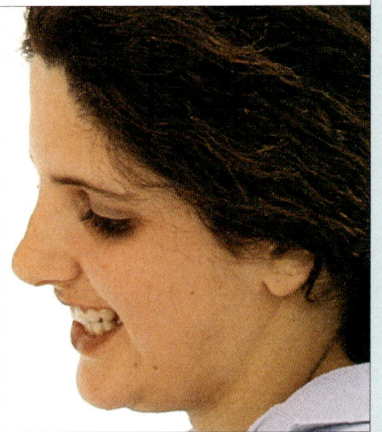

Die drei Regionen der Stirn

Die Gesichtsdiagnose teilt die Stirn in drei Ebenen ein, von denen jede einen verschiedenen Aspekt der Persönlichkeit repräsentiert. Die Region des Himmels direkt unter der Haarlinie spiegelt die philosophischen Ideale eines Menschen wider. Die Region der Menschen, in der Mitte, weist auf soziale und humanitäre Einstellungen hin und die Region der Erde, direkt über den Augenbrauen, steht in Verbindung mit logischem Denken und dem Bezug zur Praxis. Die Region, die am meisten hervortritt, hat den größten Einfluss auf die Persönlichkeit. Menschen mit einer Erhöhung in der Erdregion haben beispielsweise einen rationalen Geist und einen gesunden Menschenverstand.

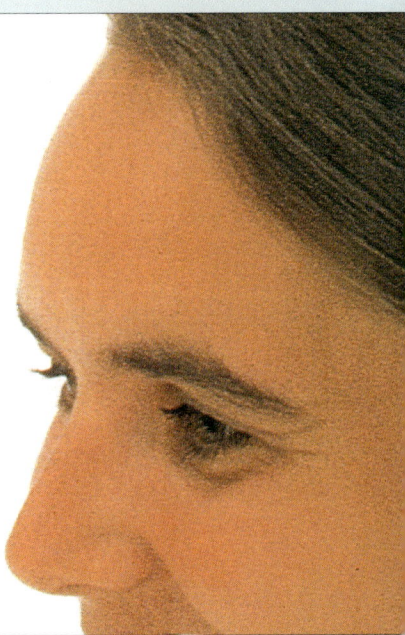

RUND (IM PROFIL)

Diese Stirnform erkennt man am besten im Profil, denn sie beginnt senkrecht über den Augenbrauen und fällt dann auf halber Höhe nach hinten. Menschen mit diesem Gesichtszug sind halb Yin, halb Yang. Sie können gut selbstständig arbeiten, aber teilen ihre Gedanken auch gerne mit anderen. Durch ihre Anpassungsfähigkeit können sie andere gut in ihre Pläne einbeziehen.

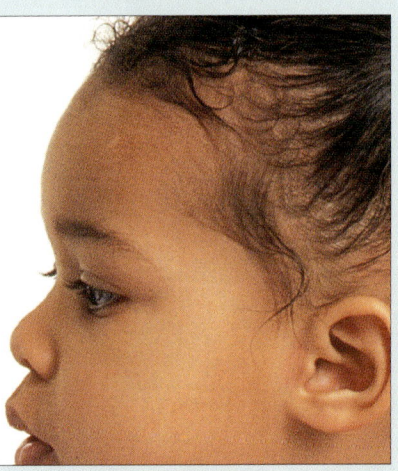

Sitz des Intellekts

In der Gesichtsdiagnose geht man davon aus, dass die Stirn das Fenster für Denken und Verstand ist. Das Gehirn sitzt direkt hinter der Stirn, kein Wunder, dass eine hohe Stirn deshalb mit einem klugen Kopf verbunden wird. Werbeleute in den 80er Jahren nutzten dieses Vorurteil und verlängerten künstlich die Stirn der Schauspieler in einem Werbespot für neue elektronische High-Tech-Produkte. Die Werbung ließ den Zuschauer unterbewusst glauben, dass diese Produkte von solch „schlauen" Menschen entwickelt wurden.

Tatsächlich hat aber eine hohe Stirn entgegen der landläufigen Meinung gar nichts zu tun mit einem großen Gehirn.

SCHRÄGE STIRN (IM PROFIL)

Diese Stirnform sieht von vorne kurz aus, von der Seite gesehen bemerkt man, dass sie nach hinten abfällt. Diese Menschen sind gesellig und treten gerne in Kontakt mit anderen. Sie lieben es, über ihre eigenen Gedankengänge zu reden, können aber auch sehr gut zuhören. Eine Idee von allen Seiten zu erörtern stimuliert ihren schnellen Geist; deshalb sind sie meist glücklicher in Gesellschaft als alleine und arbeiten sehr gut im Team. Das Ideenteilen spricht für Yin, die schnelle Reaktion für Yang.

RECHTECKIGER HAARANSATZ

Ein starker, gerader und dicker Haaransatz steht für Lebenskraft und für ein langes Leben. Dieser Gesichtszug spricht für eine Yang-Persönlichkeit. Auch Zuverlässigkeit und Gründlichkeit werden damit in Verbindung gebracht. Allerdings brauchen diese Menschen häufig erst eine Anerkennung ihrer Leistungen, um ausreichend Energie oder Enthusiasmus aufzubringen.

ZURÜCKWEICHENDER HAARANSATZ

Menschen mit ausfallendem Haar und einem zurückweichenden Haaransatz sehen aus, als hätten sie eine sehr hohe Stirn. Haarausfall ist eine typische Yin-Beschwerde. Menschen mit diesem Haaransatz haben meist eine sehr reiche Fantasie und einen kreativen Geist.

„Wer sich selbst recht kennt, kann sehr bald alle anderen Menschen kennen lernen."

LICHTENBERG

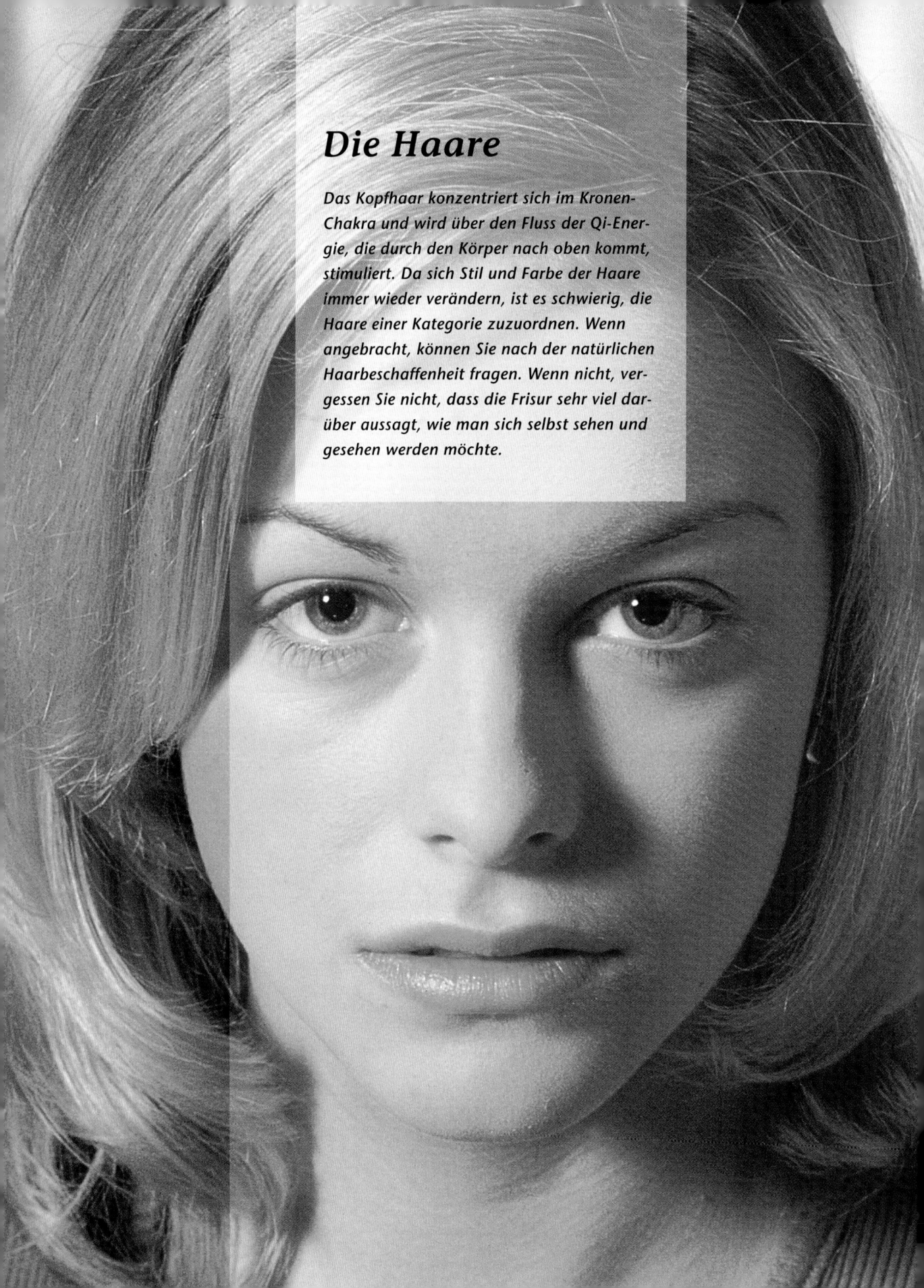

Die Haare

Das Kopfhaar konzentriert sich im Kronen-Chakra und wird über den Fluss der Qi-Energie, die durch den Körper nach oben kommt, stimuliert. Da sich Stil und Farbe der Haare immer wieder verändern, ist es schwierig, die Haare einer Kategorie zuzuordnen. Wenn angebracht, können Sie nach der natürlichen Haarbeschaffenheit fragen. Wenn nicht, vergessen Sie nicht, dass die Frisur sehr viel darüber aussagt, wie man sich selbst sehen und gesehen werden möchte.

LANG

Freidenker, die sehr offen sind für neue Ideen, tragen oft lange Haare. Diese Menschen stehen meist in Verbindung mit der Qi-Energie der Erde, was sie praktisch, überlegt und realistisch macht. Oft interessieren sie sich für ökologische Belange. Dieser Gesichtszug ist ziemlich Yin.

GERADE

Menschen mit dieser Art Haare sind ziemlich Yin. Sie sind meist sehr freundlich, besonders, wenn die Haare zudem lang sind. Diese Menschen können sich gut entspannen und sind deshalb eine sehr angenehme Gesellschaft.

DICK

Dies ist ein Yang-Merkmal und steht für Menschen, die sehr entschlossen sind und einen starken Willen haben. Sie haben das Potenzial für ein langes Leben, müssen aber sehr hart dafür arbeiten. Sie halten sich gerne im Freien auf und lieben extremes Wetter. Durch ihre Ausdruckskraft und ihren Enthusiasmus können sie viele Dinge in großem Umfang genießen.

LOCKIG

Hier dürfen Sie nicht vergessen, dass die Locken durch eine Dauerwelle entstanden sein können. Unter bestimmten Wetterbedingungen und in unterschiedlichen Lebensstadien können sich die Haare mehr oder weniger locken. Lockiges Haar ist vorrangig Yang, vor allem, wenn es eine dunkle Farbe hat. Jemand, der sich eine Dauerwelle machen lässt, fühlt sich vielleicht zu sehr Yin und möchte dadurch seine Qi-Energie ausgleichen. Welliges Haar ist mehr Yin als dunkles, lockiges Haar, vor allem, wenn das wellige Haar fein ist und eine helle Farbe hat.

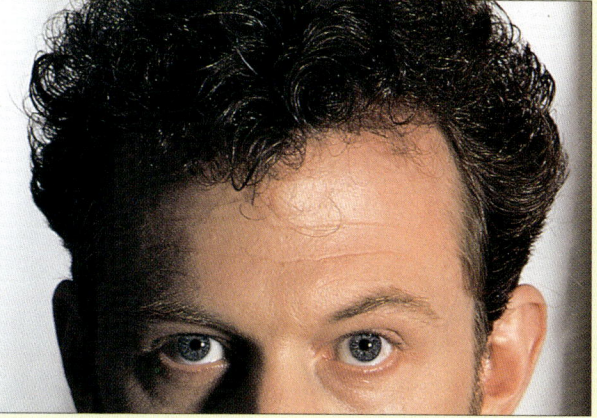

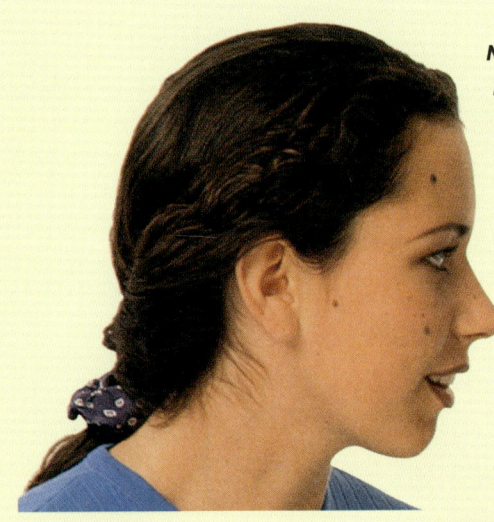

NACH HINTEN GEBUNDEN

Das Zusammenbinden der Haare gleicht dem Hochkrempeln der Ärmel, wenn man mit einer Arbeit beginnen will. Man bindet sich die Haare zusammen, um sich körperlich besser bewegen und auf eine Sache konzentrieren zu können. Das stärkt das Yang.

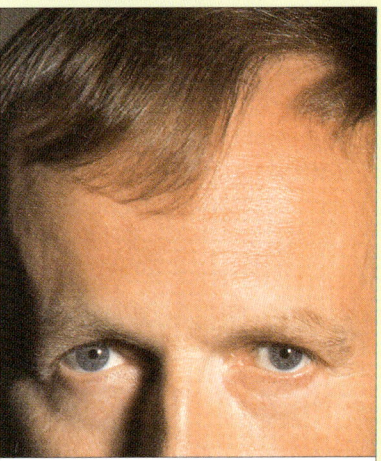

DÜNN

Menschen mit feinem Haar sind nach außen hin oft empfindsam und sanft, haben aber tief innen viel Kraft und Stärke. Ihre Gefühle können sehr leicht verletzt werden, oft unterdrücken sie ihre Emotionen. Die Gesellschaft von lauten Menschen schüchtert sie meist ein. Alle diese Merkmale sind ziemlich Yin.

KURZGESCHOREN

Menschen mit sehr kurzem Haar sind sehr entschlossen und möchten in ihrem Leben vorankommen. Vielleicht fällt Ihnen auf, dass Freunde oder Kollegen, die sich die Haare kurz schneiden, zielstrebiger sein und Karriere machen wollen. Menschen, die immer sehr kurze Haare tragen, neigen dazu, aggressiv, eindringlich und dynamisch zu sein. Sie sind konzentriert und körperlich orientiert. Je kürzer die Haare, desto stärker das Yang.

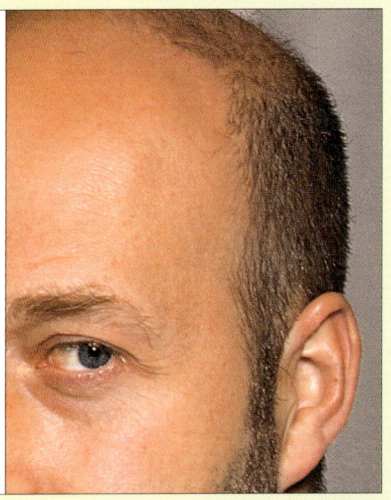

RASIERT

Menschen, die sich die Haare rasieren, fühlen sich meist zu sehr Yang. Rasiertes Haar kann die Wirkung der nach oben fließenden Qi-Energie der Erde reduzieren, sodass der Kopf mehr Qi-Energie aus der Atmosphäre absorbieren kann. Das hilft Menschen mit rasiertem Kopf, intellektueller zu sein, originellere Ideen zu haben und objektiver zu werden.

Die Augenbrauen

Es ist fast unmöglich, Überraschung, Zorn oder Angst ohne Hilfe der Augenbrauen mitzuteilen; sie sind der ausdrucksstärkste Gesichtszug. In der Gesichtsdiagnose werden die Augenbrauen mit der Stärke der Qi-Energie assoziiert und geben Hinweise auf den Charakter, den Gesundheitszustand, auf die Langlebigkeit und Hoffnungen eines Menschen. Der Abschnitt der Augenbrauen zur Nase hin bezieht sich auf das Wesen in Kindheit und Jugend, der Abschnitt zu den Schläfen auf die Gefühle in späteren Jahren.

AUFSTEIGEND

Die Augenbrauen sitzen tief an der Nasenwurzel und stei-gen dann zu den äußeren Augenwinkeln an. Diese Menschen sind meist sehr ehrgeizig und nehmen Gelegenheiten schnell wahr. Sie sind dynamisch und aktiv und mögen es, wenn etwas passiert. Anderen gegenüber wirken sie oft ungeduldig, sie können auch leicht zornig werden. Durch ihre Launenhaftigkeit sind sie oft etwas kurz angebunden, aber nicht nachtragend. Allgemein besteht die Tendenz, dass sie sich gestresst fühlen oder zu viel Arbeit übernehmen. Diese Charakteristika weisen auf einen Menschen mit relativ viel Yang hin.

ABSTEIGEND

Die Augenbrauen sitzen an der Nasenwurzel hoch und verlaufen dann nach unten; meist sind sie sehr lang. Kinder mit diesen Augenbrauen sind meist freundlich, nett und umsorgend und nehmen Freundschaften und Familie ernst. Obwohl sie als Erwachsene dann oft ehrgeizig und konkurrenzbetont werden, würden sie doch davor zurückschrecken, andere für ihre Ziele auszunutzen, sie versuchen sie eher in ihre Pläne einzubeziehen. Dadurch sind sie gute Teamarbeiter und fühlen sich in allen Formen des menschlichen Zusammenseins wohl. Diese Augenbrauen weisen auf einen Yin-Charakter hin.

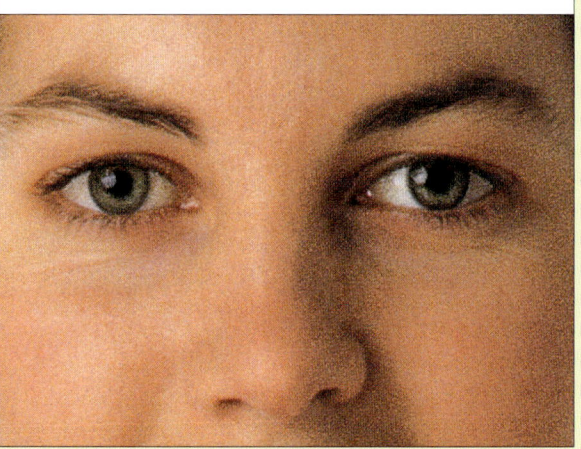

LANG

Die Augenbrauen beginnen nahe der Nasenwurzel und zie-hen sich über die Außenseite der Augen hin. Dunkle Augenbrauen erscheinen oft länger, weil das Ende, an denen sie auslaufen, gut sichtbar ist. Langes Leben, Stärke und Durchhaltevermögen sind die Wesenszüge dieses Yang-Gesichtszuges. Menschen mit langen Augenbrauen geben nicht so leicht auf und spüren, dass ihr Energie-niveau ziemlich konstant ist.

BUSCHIG

Diese Form der Augenbrauen besteht aus dicken, langen Haaren und bildet eine breite Linie über den Augen. Schauen Sie vor der Beurteilung immer genau hin, denn je dunkler die Haare, desto dicker sehen sie aus, während helle Haare ziemlich dünn aussehen können. Die Augenbrauen werden mit dem Alter immer buschiger, wenn Sie also jungen Menschen eine Gesichtsdiagnose erstellen, sollten Sie eher auf starke und betonte Augenbrauen achten, als auf buschige. Achten Sie auch darauf, ob die Augenbrauen durchgehend buschig sind oder nur in bestimmten Gebieten.

Starke Augenbrauen repräsentieren einen Yang-Charakter. Diese Menschen haben in der Öffentlichkeit meist eine starke Ausstrahlung. Sie haben in ihrem Leben oft Erfolg allein durch ihre positiv auffallende Persönlichkeit. Menschen mit starken Augenbrauen in der Nähe der Nasenwurzel hatten als Kinder vielleicht einen besonders starken Charakter und wurden sanfter mit dem Alter. Augenbrauen, die umgekehrt zu den Schläfen hin buschiger werden, weisen auf eine Persönlichkeit hin, die mit dem Alter an Stärke gewinnt.

DÜNN

Die Augenbrauen bilden nur eine dünne Linie und bestehen aus kurzen Haaren. Achten Sie darauf, ob die Augenbrauen irgendwo dünner werden oder sich zu den Enden hin verjüngen. Vergessen Sie nicht die Farbe der Haare zu notieren – dunkle Haare erscheinen dicker als helle Haare. Flexible Charaktere, die sich Veränderungen leicht anpassen, haben oft dünne Augenbrauen. Diese Menschen erreichen ihre Ziele ohne Zwang und Ellbogeneinsatz. Sie sind aber anfällig für Stress, da sie sich schnell ärgern. Wenn die Augenbrauen an der Nasenwurzel oder in der Mitte dünn sind, zieht die Person sich eventuell in frühen oder mittleren Jahren zurück, wird ruhiger und in sich gekehrt. Werden die Augenbrauen zu den Enden hin dünner, wird der Mensch in späteren Jahren friedfertig. Das alles sind Zeichen für relativ viel Yin.

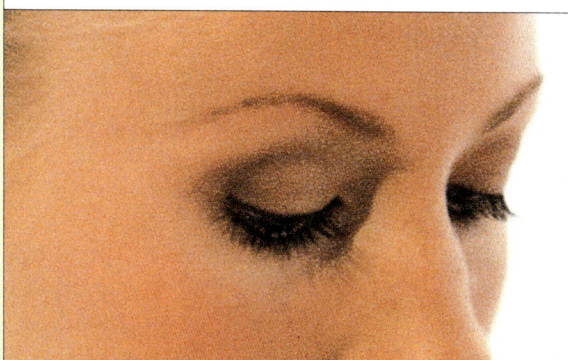

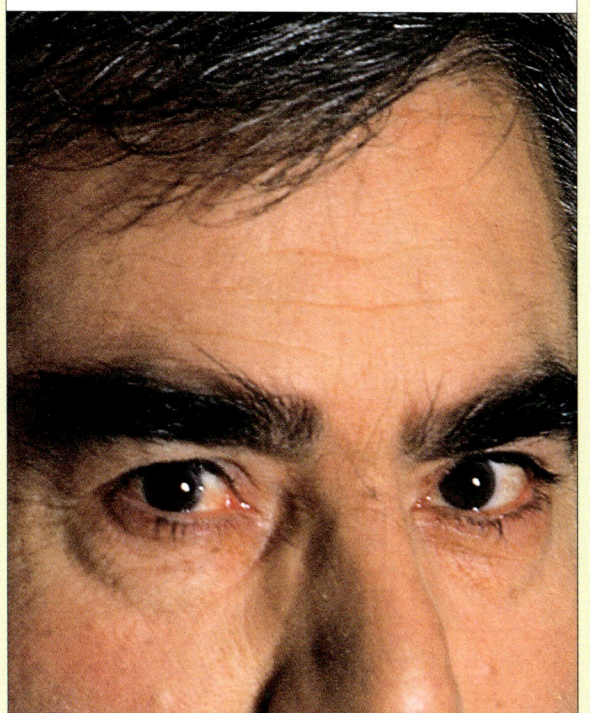

Ausdrucksstark

Die Augenbrauen sind der ausdrucksstärkste Gesichtszug, wir heben und senken sie ständig, um die unterschiedlichsten Gefühle zu äußern. Wenn Sie das nächste Mal jemand kennen lernen, achten Sie darauf, wie die Person bei der Begrüßung automatisch die Augenbrauen hochzieht. Das Anheben der Augenbrauen kann aber auch andere Gefühle offenbaren – es betont Überraschung (meist mit einem offen stehenden Mund), enthüllt Skepsis, und zusammen mit einem Schulterzucken und heruntergezogenen Mundwinkeln zeigt es Verwirrung. Umgekehrt weisen heruntergezogene Augenbrauen auf gegensätzliche Gefühlen in – Zorn, Konzentration oder Bestürzung.

ZUSAMMENGEWACHSEN

Diese Augenbrauen berühren sich an der Nasenwurzel. Meist sind sie dünner im Zentrum, bei sehr blonden Haaren müssen Sie gut nachschauen, ob sie tatsächlich zusammengewachsen sind. Menschen mit einer einzigen langen Augenbraue haben oft Schwierigkeiten, im Leben ein Gleichgewicht zu finden – Aktivität und Ruhe, Aggressivität und Frieden, Vertrauen und Angst können leicht ineinander verschwimmen, das weist auf beides hin, auf Yin und Yang. Deshalb führen diese Menschen oft ein sehr ausgefülltes, abenteuerreiches Leben und machen Dinge, von denen andere nur träumen. In Extremfällen verlieren die Menschen das Gleichgewicht und werden zu aktiv oder zu ruhig, zu selbstsicher oder zu ängstlich.

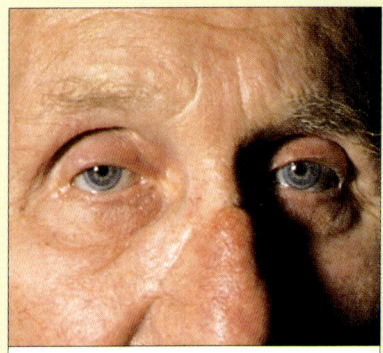

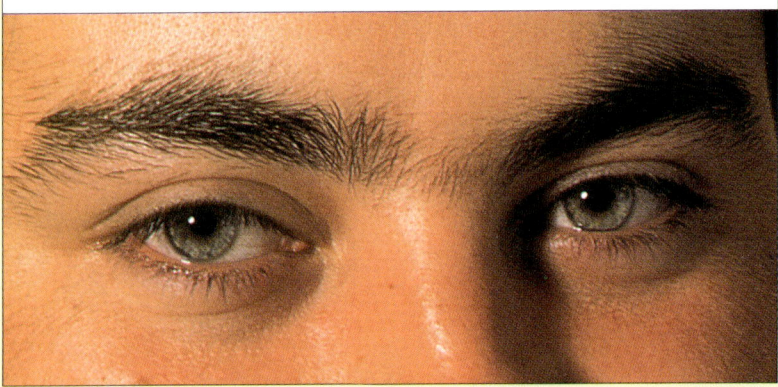

KURZ

Diese Augenbrauen erstrecken sich meist vom inneren Augenwinkel zum äußeren. Bei sehr blonden Haaren sollten Sie prüfen, ob die Augenbrauen nicht doch länger sind. Menschen mit kurzen Augenbrauen können bei bestimmten Gelegenheiten sehr intensiv, hochaktiv und erregbar sein, aber es fällt ihnen schwer, diese Gefühle lange aufrechtzuerhalten. Deshalb durchleben sie oft emotionale und körperliche Höhen und Tiefen. Diese Menschen tendieren zu Yang, wenn der Energielevel hoch ist, und zu Yin bei niedrigem Energielevel.

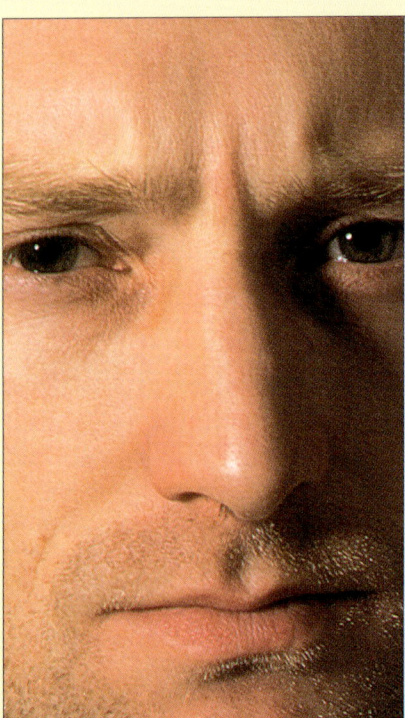

FALTEN IN DER MITTE

Achten Sie auf senkrechte Falten zwischen den Augenbrauen direkt über der Nasenwurzel. Meist sind es ein oder zwei Falten, manchmal sogar drei. Wenn Sie sich nicht sicher sind, bitten Sie die Person, die Stirn in Falten zu legen, um zu prüfen, ob diese Linien auftauchen. Dieser Gesichtszug zeigt Menschen, deren Gefühle sich schnell ändern. Meist sind sie sehr aufgeweckt mit schneller Reaktion und wollen sofort Ergebnisse sehen. Ihre Entschlossenheit und Engstirnigkeit lässt sie leicht ungeduldig, gereizt oder zornig werden. In dieser Hinsicht sind sie sehr Yang.

ENG ZUSAMMEN

Achten Sie auf Augenbrauen mit einem kleinen Spalt in der Mitte. Menschen mit diesem Gesichtszug sind meist sehr konzentriert und gehen die Dinge gerne nacheinander an. Sie haben eine positive Einstellung und reagieren gut auf Herausforderungen. Ihr spontanes und entschlossenes Wesen weist auf relativ viel Yang hin.

Augenbrauen zupfen

Die Augenbrauen sind Schweißbarrieren, betonen die Augen und tragen zur ganzen Ausstrahlung und zum Ausdruck des Gesichts bei. Warum entscheiden sich dann viele Menschen für das schmerzhafte Augenbrauenzupfen? Das Zupfen war im 15. Jh. bei englischen Frauen sehr beliebt; muslimische Frauen zupfen aus religiösen Gründen die Augenbrauen. Einige südamerikanische Ethnien verdammen die Augenbrauen und zupfen alle Haare aus. Heutzutage verändern Frauen die Augenbrauen, um ihre Weiblichkeit und Attraktivität zu erhöhen.

Das Zupfen verändert zweifellos den ganzen Gesichtsausdruck. Die Gesichtsdiagnose interpretiert das Auszupfen als zu viel Yang, das durch Stress, zu viel Arbeit oder eine Yang-Ernährung, d. h. zu viel Fett, Fleisch und Salz, hervorgerufen wurde. Um mehr Yin vorzutäuschen, kann man die Augenbrauen so zupfen, dass sie nach unten verlaufen und man dadurch freundlich, sanft und fürsorglich aussieht. Umgekehrt kann man durch eine nach oben steigende Form ehrgeiziger und dynamischer wirken.

GERADE

Diese Augenbrauen steigen weder auf noch ab, sondern verlaufen in einer geraden Linie über den Augen. Sie sind meist relativ kurz. Menschen mit diesem Merkmal sind körperlich gesund und bodenständig. Sie verfolgen oft sehr spezifische Ziele, die sie meist erreichen. Dieser Erfolg beruht auf ihrem pragmatischen Ansatz, Probleme zu lösen, auf ihrer optimistischen Einstellung und ihrem gesunden Menschenverstand.

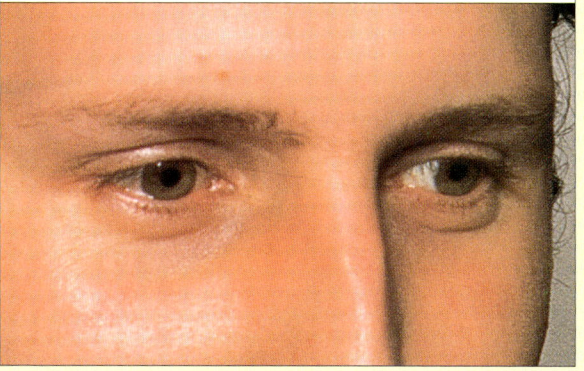

WEIT AUSEINANDER

Dies sind Augenbrauen mit sehr viel Raum in der Mitte. Menschen mit weit auseinander liegenden Augenbrauen sind meist sehr offen und in dieser Hinsicht sehr Yin. Ihr Zögern und ihre Geduld sind oft Zeichen für das mangelnde Selbstvertrauen, das nötig wäre für einen Karrieresprung. Ihre Empfindsamkeit spricht jedoch für sehr liebevolle persönliche Beziehungen.

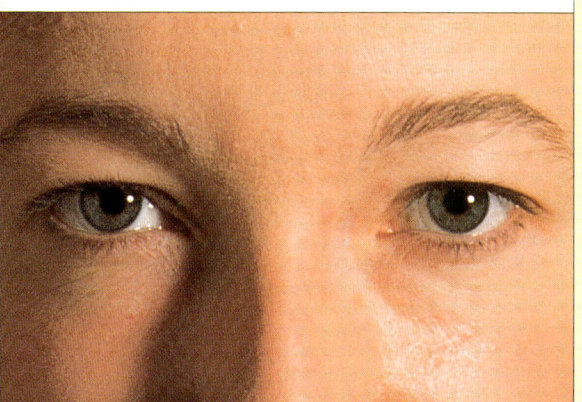

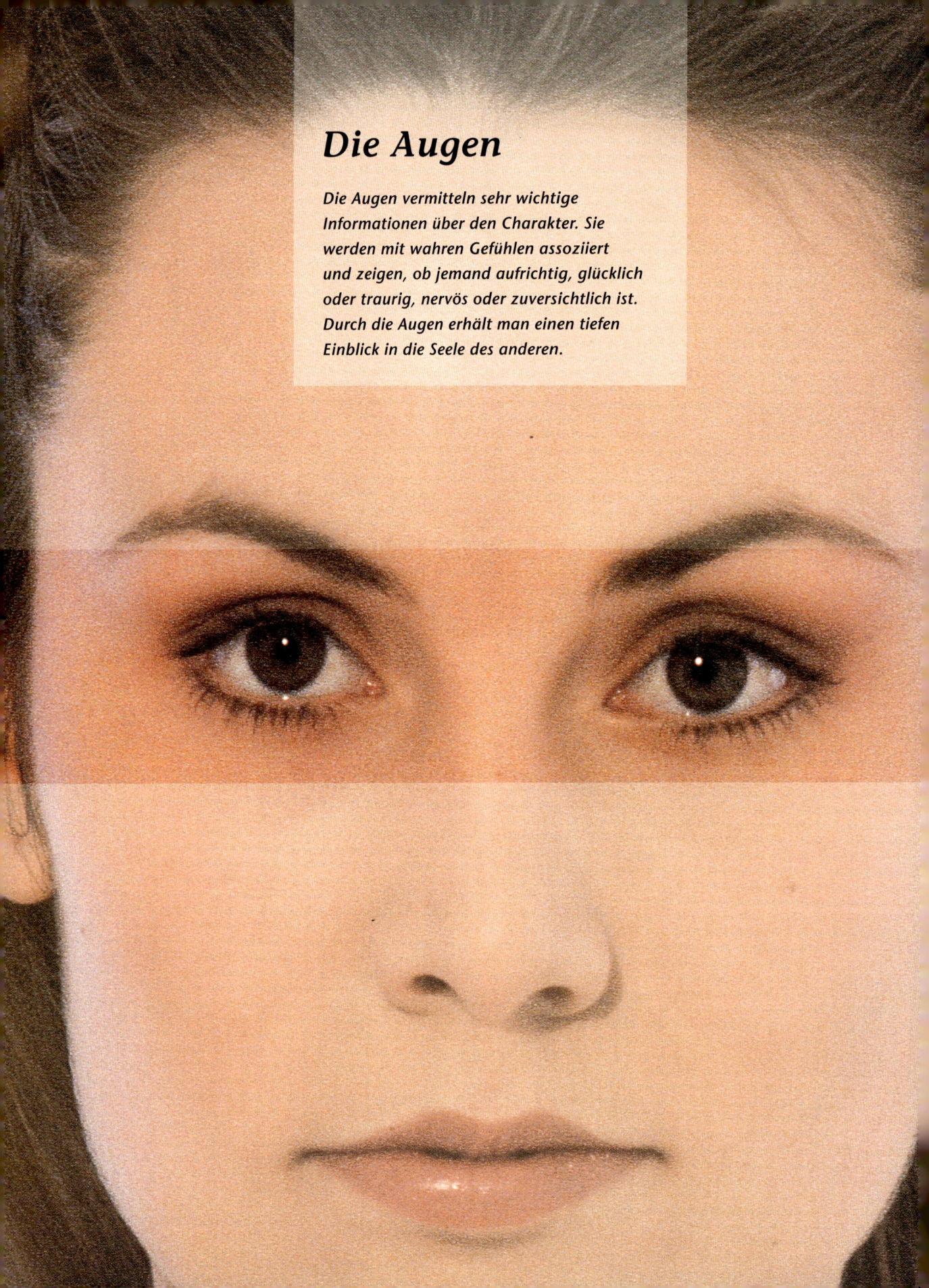

Die Augen

Die Augen vermitteln sehr wichtige Informationen über den Charakter. Sie werden mit wahren Gefühlen assoziiert und zeigen, ob jemand aufrichtig, glücklich oder traurig, nervös oder zuversichtlich ist. Durch die Augen erhält man einen tiefen Einblick in die Seele des anderen.

TIEF LIEGEND

In diese Kategorie gehören Augen, die klein und hinter Stirn und Augenbrauen zurückgesetzt sind, also hinter der Nasenwurzel liegen. Menschen mit tief liegenden Augen erscheinen oft mysteriös und geheimnisvoll. Diese Augen haben haben eine sehr große Anziehungskraft auf viele Menschen, die dahinter eine große Charaktertiefe vermuten. Wenn sie wollen, lassen diese Menschen gewisse Charaktermerkmale erkennen, während sie zu anderen Zeiten allerdings unnötig geheimnisvoll und reserviert wirken.

ENG BEIEINANDER LIEGEND

Diese Augen liegen sehr nahe an der Nasenwurzel. Menschen mit diesem Gesichtszug haben sehr viel Konzentrationskraft. Genauigkeit und Präzision fallen ihnen sehr leicht, und meist lieben sie die Routine. Sie diskutieren gerne über Details und wirken in dieser Hinsicht leicht obsessiv. In Extremfällen werden sie engstirnig und verpassen angebotene Gelegenheiten. Ihre Direktheit und Entschlossenheit geben ihnen einen klaren Richtungssinn. Alle diese Eigenheiten sind Yang-Züge.

WEIT AUSEINANDER LIEGEND

Meist sind es ziemlich große Augen, die näher an den Schläfen als an der Nasenwurzel liegen. Menschen mit weit auseinander liegenden Augen sind meist aufgeschlossen und lieben weit reichende, offene Diskussionen über Philosophie, soziale Belange und spirituelle Ideologien. Sie können leicht von einer Sache zur nächsten gehen und sind meist mit mehreren Dingen gleichzeitig beschäftigt. Diese Vielseitigkeit in ihrem Leben stimuliert sie mehr als die Perfektion in einer einzigen Sache. Wenn Sie Freunde haben mit weit auseinander liegenden Augen, denken Sie daran, dass sie manchmal zu vertrauensvoll und naiv sind. Alle diese Züge sprechen für Yin.

WIMPERN *können in der Gesichtsdiagnose sehr viele Eigenschaften einer Persönlichkeit aufzeigen.*

Lange Wimpern (links) sind etwa 10 Millimeter lang. Wenn sie auffällig lang erscheinen, sollten Sie nachprüfen, ob sie wirklich echt sind. Lange Wimpern weisen auf weibliche Charakterzüge hin. Menschen mit diesem Merkmal sind meist empfindsam, träumerisch und sehr fantasievoll. Das sind alles Yin-Züge. Sie haben viel Mitgefühl für andere, vor allem für sozial Schwache, und einen sehr sanften Charakter. Sie zeigen aber auch die Tendenz, schwierigen Auseinandersetzungen aus dem Weg zu gehen und nehmen Kritik oft viel zu ernst, was ihre Selbstachtung und ihr Selbstvertrauen beeinträchtigt.

Kurze Wimpern sind 5 Millimeter oder kürzer. Dunkle Augenbrauen oder mit Maskara getuschte Augenbrauen sind besser zu sehen und wirken länger, während helle Wimpern oft schlecht zu erkennen sind. Menschen mit kurzen Wimpern sind meist praktisch veranlagt und stehen mit beiden Beinen auf der Erde. Ihr Handeln soll greifbare Resultate ergeben. Diese Menschen sind körperlich aktiv und lösen die Probleme im Leben eher, als dass sie aufzugeben. In Auseinandersetzungen oder im Streit schieben sie die Verantwortung eher anderen zu, als sie auf sich zu beziehen – alles Zeichen für einen starken Yang-Anteil.

GROSSE AUGEN

Große Augen sind meist das auffälligste Merkmal in einem Gesicht. Man muss allerdings berücksichtigen, dass jedes Make-up die Augen größer erscheinen lässt. Große Augen sind das Schönheitsideal an sich. Menschen mit diesem Gesichtszug sind offen, man lernt sie leicht kennen und sie zeigen gern ihr ganzes Wesen. Sie erscheinen nett, freundlich und zugänglich und wirken dadurch vertrauenswürdig, so dass andere ihnen gerne ihre Probleme anvertrauen. Menschen mit großen Augen wollen nicht durch Details eingeschränkt werden und lieben weitreichende Diskussionen – Vielseitigkeit ist für sie wichtiger als in die Tiefe zu gehen. Ihr natürlicher kreativer und phantasievoller Geist macht sie vorrangig Yin.

GROSSE IRIS

Wenn man das Augenweiß nur an den Seiten sieht, ist die Iris ziemlich groß. Menschen mit diesem Gesichtszug sind sehr emotional und haben einen Yin-Charakter. Sie sind liebevoll und zeigen ihre Gefühle offen. In schwierigen Zeiten tendieren diese Menschen – besonders die Kinder – dazu, sich von anderen zu abhängig zu machen, als Erwachsene können sie deshalb bei geringen Anlässen überreagieren.

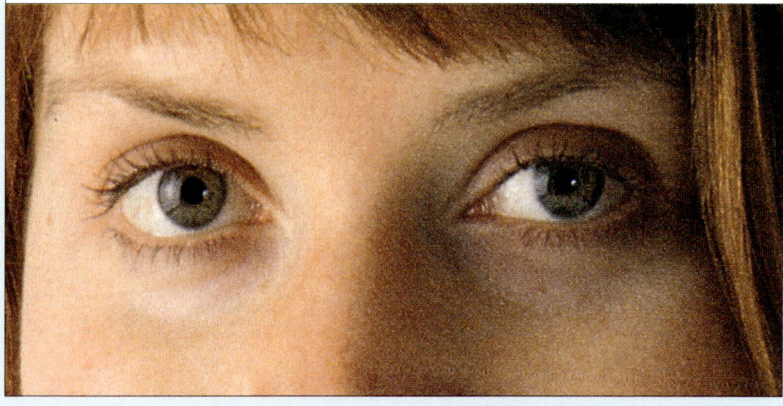

"Die Augen sind das Fenster zur Seele."

MAX BEERBOHM

KLEINE AUGEN

Vergleichen Sie die Größe der Augen im Verhältnis zum ganzen Gesicht. Kleine Augen weisen auf Yang-Merkmale hin. Wenn man diese Menschen das erste Mal trifft, versuchen sie oft, in Ruhe gelassen zu werden, aber wenn man sie dann besser kennen lernt, zeigen sie eine überraschende Charaktertiefe. Diese Menschen sind meist fähig, sich auf eine spezifische Sache vollständig zu konzentrieren. Sie forschen gerne in der Tiefe, aber langweilen sich schnell, wenn sie das Gefühl haben, etwas sei zu trivial oder oberflächlich.

OBEN ODER UNTEN IN DER AUGENHÖHLE

Um zu beurteilen, ob das Auge hoch in der Augenhöhle liegt, achten Sie darauf, ob das Augenweiß an den Seiten und unter der Iris zu sehen ist (s. Foto unten). In Japan heißt das oberes „Sanpaku". Menschen mit diesem Merkmal können Anzeichen von Lethargie, Sorglosigkeit und Unorganisiertheit aufweisen. Sie tendieren dazu, depressiv oder pessimistisch zu sein – das alles weist auf Yin hin.

Liegt das Auge unten in der Augenhöhle, so sieht man das Augenweiß an den Seiten und über der Iris. Das wird in Japan unterer „Sanpaku" genannt. Es ist normal für neugeborene Babys, die bei der Geburt sehr Yang sind. Menschen mit diesen Augen sind anfällig für aggressives Verhalten und tiefe Frustration. In Extremfällen können diese Gefühle langfristigen Zorn auslösen. Diese Menschen können nur schwer entspannen und leiden häufig unter Stress und Anspannung. Die Merkmale weisen auf eine ausgeprägte Yang-Persönlichkeit hin.

Zwinkern

Vier bis sechs Mal Zwinkern pro Minute ist normal, aber es gibt Menschen, die nur einmal pro Minute zwinkern, andere zwinkern jede Sekunde. Um das zu beurteilen, sollten Sie das Auge über einen längeren Zeitraum oder isoliert *(s. S. 70–71)* beobachten. Häufiges Zwinkern spricht für Empfindsamkeit und Unsicherheit und viel Yin. Diese Menschen fühlen sich unbeständig, können aber auch sehr lustig, unbeschwert und verspielt sein. Menschen, die selten zwinkern, wirken oft selbstsicher und diszipliniert und können sich gut konzentrieren, sind also ziemlich Yang. Da es ihnen schwerfällt, lustig zu sein, wirken sie oft einschüchternd. Seltenes Zwinkern ist auch ein Zeichen für Nachdenklichkeit und Versunkenheit; achten Sie deshalb darauf, wenn Sie jemand um einen Gefallen bitten wollen, der selten zwinkert.

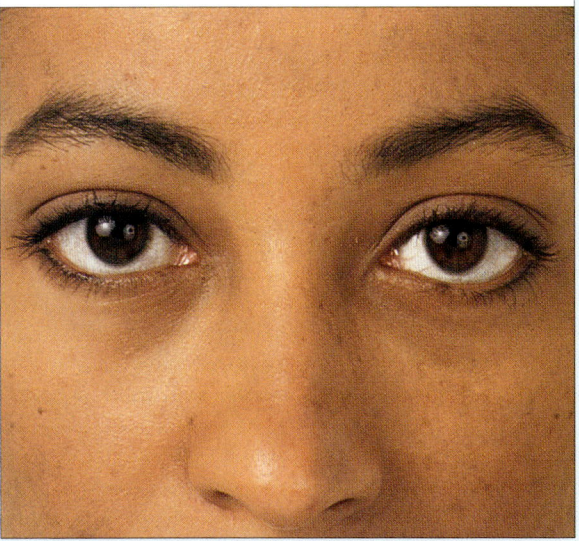

TRÄNENSÄCKE

Achten Sie auf Schwellungen unter den Augen. Die Haut sieht aus, als würde sie durchhängen, und manchmal erkennt man eine halbkreisförmige Linie, die unter den Augen verläuft. Menschen mit diesem Merkmal haben oft wenig Energie, weil sie ausgelaugt sind, zu wenig geschlafen haben oder sich zu stark Yin ernähren mit viel süßen Nahrungsmitteln und zu viel Flüssigkeit. Dieser Mangel an Lebenskraft lässt sie leicht aufgeben; sie verlieren ihre Entschlusskraft und haben Angst, Risiken einzugehen. Sie machen sich unnötig Sorgen und verbringen Zeiten voller Unsicherheit und Angst. Möglicherweise leiden sie unter Schmerzen im unteren Rücken. In allen Fällen ist dies ein Zeichen für überschüssiges Yin.

DUNKLE AUGENRINGE

Achten Sie auf eine dunkle Färbung der Haut unter den Augen, sie kann violett, dunkelblau oder schwarz erscheinen. Menschen mit diesem Merkmal glauben vielleicht, ihr Leben stagniert. Sie fühlen sich etwas schwerfällig und spüren einen Mangel an Triebkraft, loszulegen und etwas zu tun. Das ist ein Zeichen für zu viel Yang. Der Zustand verschlimmert sich durch eine fettreiche, salzige Ernährung, zu wenig Schlaf, Überarbeitung und Stress.

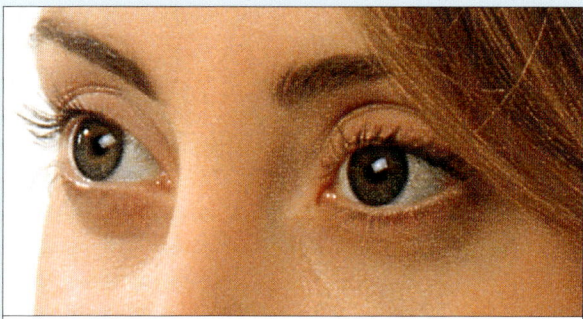

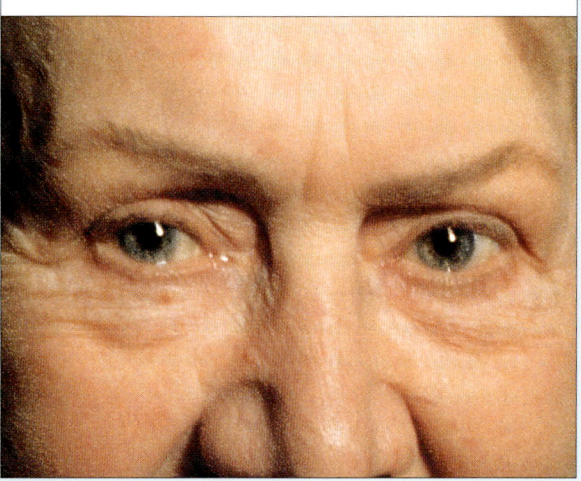

HERVORTRETENDE AUGEN

Es sieht aus, als würden die Augen aus der Augenhöhle herausquellen. Menschen mit hervortretenden Augen sind meist enthusiastisch und vereinnahmend. Sie lieben es, Entdeckungen zu machen und probieren in ihrem Leben viele Wege aus. Ihre Begeisterung für das Leben anderer macht sie sehr aufmerksam. Diese Menschen haben Schwierigkeiten, bei einer Sache zu bleiben und lassen sich leicht ablenken. Dieser Gesichtszug spricht für viel Yin.

BLÄSSE UNTER DEN AUGEN

Dieses Merkmal ist auf einer bereits blassen Haut nur schwer festzustellen, achten Sie auf einen blassen Halbkreis direkt unter den Augen. Wenn jemand leicht müde wird oder keine Lebenskraft und Ausdauer hat, suchen Sie nach einer Blässe unter den Augen. Der Betroffene hat vielleicht seine Willenskraft verloren, neue Herausforderungen anzunehmen, er hat Angst vor Veränderungen. Dieser Zustand weist auf ein Übermaß an Yin hin und verschlimmert sich durch eine Fast-Food-Ernährung.

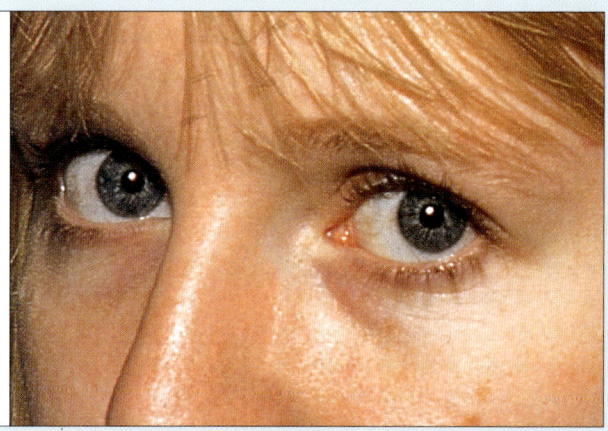

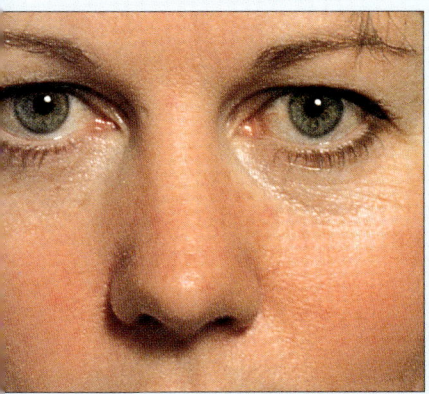

Wie erkennt man ein aufrichtiges Lächeln

Das Lächeln ist der einfachste und universellste Ausdruck von Freundlichkeit. Aber es gibt verschiedene Arten des Lächelns, die unterschiedliche Bedeutung haben. Meist wird ein Lächeln mit Freude und Glück assoziiert, aber es ist nicht immer ein gutes Zeichen – manchmal steht es für Herablassung, manchmal für Verachtung. Wie kann man also ein aufrichtiges Lächeln erkennen? Durch die Beobachtung der Augen. Ein aufrichtiges Lächeln ist unverkennbar und dauert nur einige Sekunden. Es erscheint in Mund und Augen; ein breites Grinsen, bei dem die Zähne zu sehen sind, schiebt die Wangen nach oben und verursacht kleine Fältchen und ein Leuchten in den Augen. Wenn Sie erkennen möchten, ob ein Mensch richtig glücklich ist, schauen Sie, ob seine Augen lächeln.

FALTEN UNTER DEN AUGEN

Menschen mit einem Übermaß an Yang haben oft tiefe Linien unter den Augen. Vielleicht nehmen sie zu viele trockene oder salzige Nahrungsmittel und zu wenig Flüssigkeit zu sich. Diese Menschen sind oft sehr zurückhaltend und hängen der Vergangenheit nach, was ein Zugehen auf neue Situationen verhindert. Im extremen Fall hegen sie langanhaltenden Groll. Verspannungen oder Steifheit im unteren Rücken ist eine häufige Beschwerde bei diesem Merkmal.

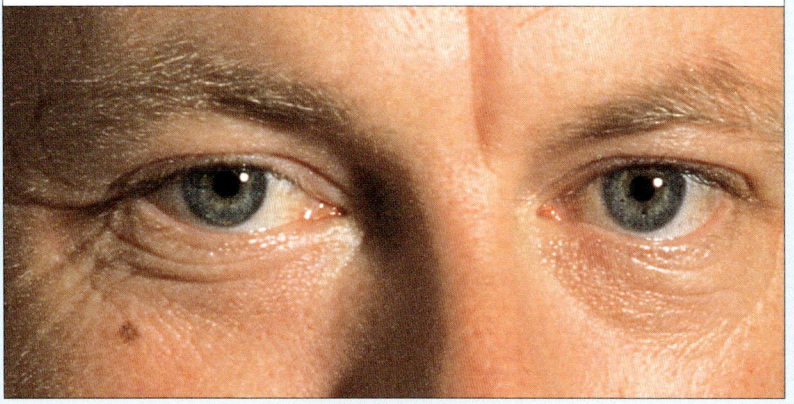

SCHLAFZIMMERBLICK

Bei diesen Augen sieht man von vorne einen großen Teil des Augenlides, die Augen erscheinen schläfrig, die Augenlider schwer. Menschen mit diesen Augen leiden oft unter mangelndem Selbstvertrauen. Sie sind sehr ruhig und passiv, aber ihr mitfühlendes und empfängliches Wesen macht sie zu sehr guten Zuhörern.

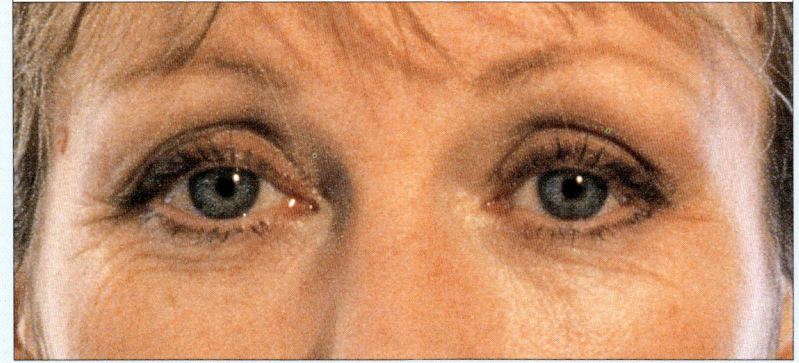

„Man urteilt über andere nicht so falsch wie über sich selbst."

VAUVENARGUES

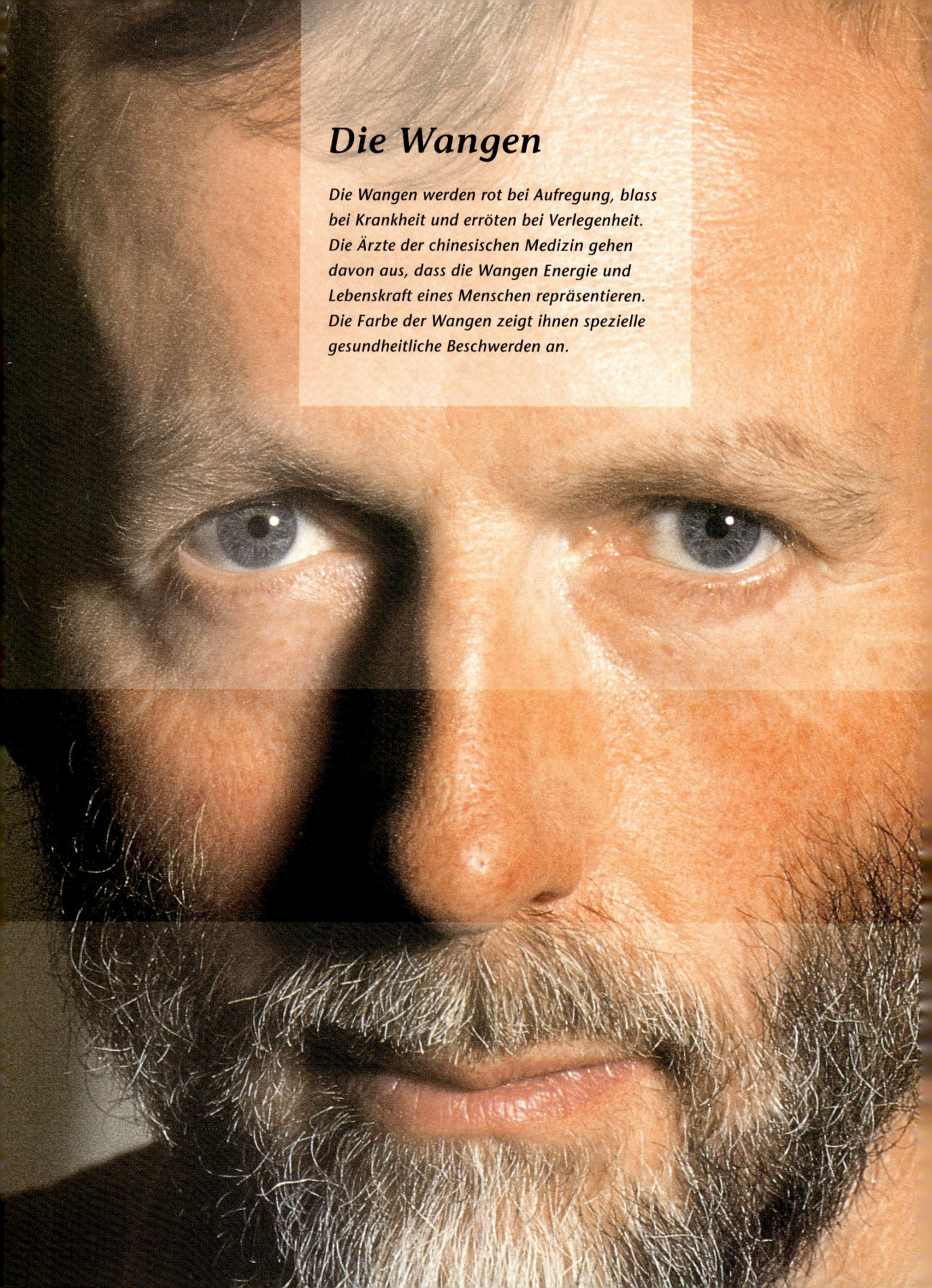

Die Wangen

Die Wangen werden rot bei Aufregung, blass bei Krankheit und erröten bei Verlegenheit. Die Ärzte der chinesischen Medizin gehen davon aus, dass die Wangen Energie und Lebenskraft eines Menschen repräsentieren. Die Farbe der Wangen zeigt ihnen spezielle gesundheitliche Beschwerden an.

BLASS

Wenn die Wangen blass sind oder eine leicht graue Tönung haben, erscheinen sie eingesunken und flach. Jemand, der sich emotional zurückgezogen hat, depressiv oder lethargisch ist, hat meist blasse Wangen. Er ist vielleicht besonders empfindsam. Sie sollten ihn deshalb besonders freundlich und herzlich behandeln. Blässe weist auf ein momentanes Übermaß an Yin hin.

ROT

Gerötete Wangen zeigen einen Zustand der Erregung und stehen für vorrübergehendes Yang. Vor allem Kinder haben oft rote Wangen. Lassen Sie sich aber nicht beirren, wenn jemand rote Wangen hat, weil er gerade Sport getrieben, sich sehr beeilt hat oder weil es ihm zu warm ist. Vor der Gesichtsdiagnose sollten Sie diesbezüglich noch einmal nachfragen.

EINGEFALLEN

Wenn man die Umrisse der Wangenknochen sieht, zeigt dies einen Menschen, der ernsthaft, vorsichtig und nachdenklich ist. Er ist sehr verantwortungsbewusst, kann aber leicht depressiv werden, wenn Schwierigkeiten auftreten. Diese Charakterzüge sind Zeichen für ein Übermaß an Yang.

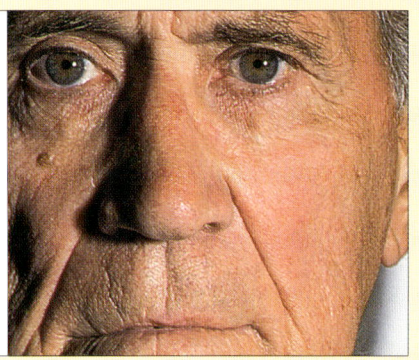

Erröten

Scham, Schuldgefühle oder ein zu großes Lob sind nur einige der Gründe, die die Wangen erröten lassen können. Aber warum geschieht das? Schüchterne Menschen werden leichter rot, wenn sie in Verlegenheit geraten, und die Rötung fällt auf heller Haut natürlich viel eher auf als auf dunkler Haut. Ganz einfach ausgedrückt ist das Erröten ein Kühlmechanismus. Die Hitzewelle, die das Erröten begleitet, erweitert die Blutkörperchen, die Wangen werden rot und Hitze wird abgebaut. Viele Menschen leiden unter dem Erröten. Sie fühlen sich dadurch inkompetent, in der Autorität gestört und werden schüchtern im sozialen Umgang. Aber dies ist eine negative Sicht, denn das Erröten kann auch sehr liebenswert wirken. Man wird schneller warm mit Menschen, es hilft beim Flirten und zeigt anderen, dass ihre Meinung wichtig ist und dass man einen guten Eindruck hinterlassen möchte.

HERVORSTEHEND

Diese Wangen wirken voll und fleischig und scheinen den größten Teil des Gesichts einzunehmen. Menschen mit hohen Wangen gehen oft durch emotionale Höhen und Tiefen. Sie haben den großen Wunsch, sich auszudrücken und können ihre Gefühle nur schwer verstecken oder kontrollieren. Sie teilen sich gerne mit und sind gute Zuhörer. Es fällt ihnen deshalb leicht, langanhaltende Freundschaften einzugehen – alles Zeichen für ziemlich viel Yang.

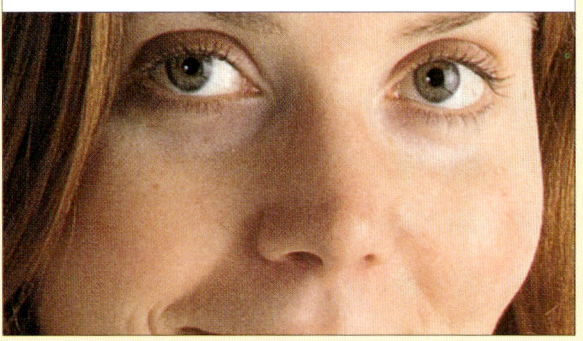

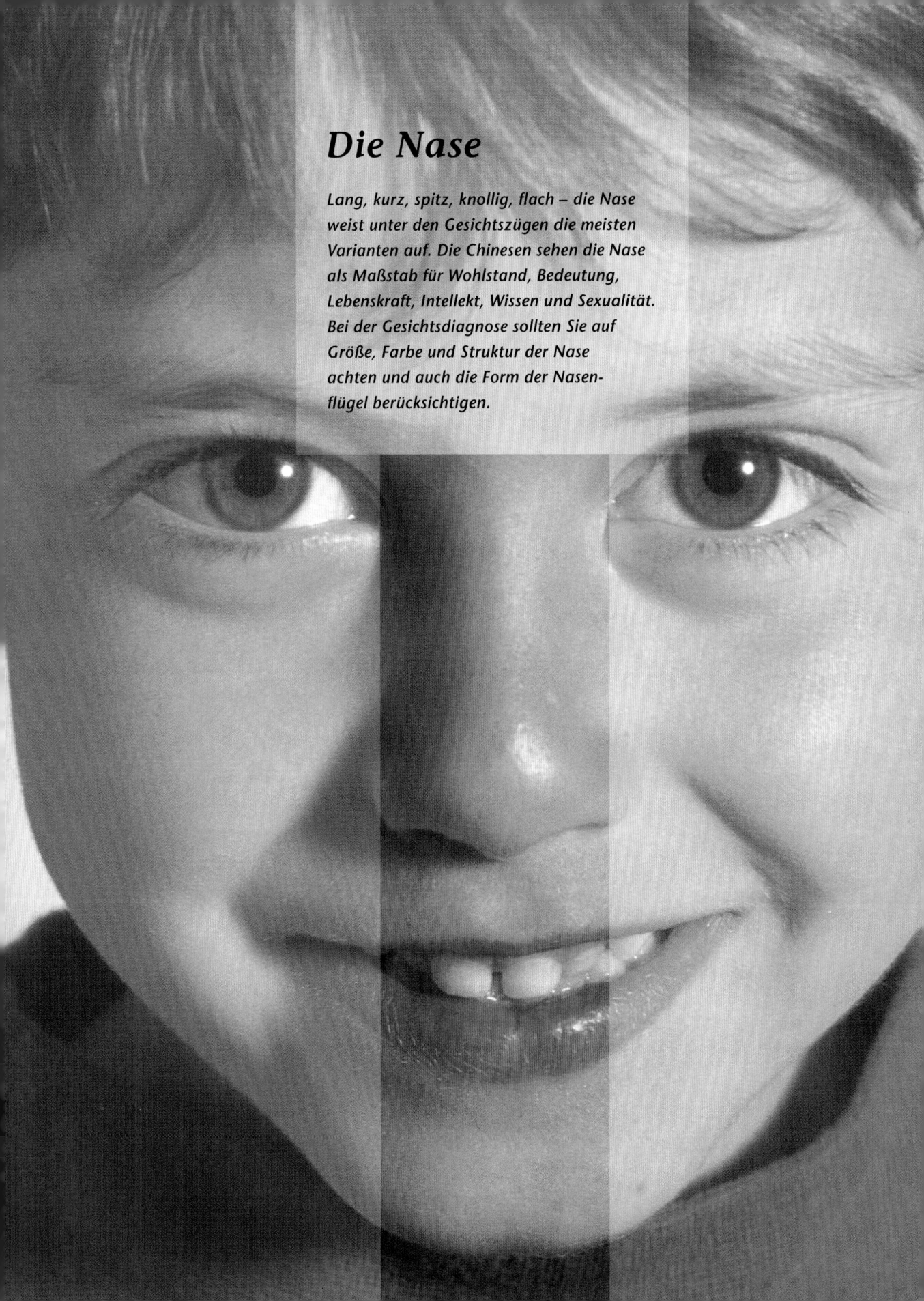

Die Nase

Lang, kurz, spitz, knollig, flach – die Nase weist unter den Gesichtszügen die meisten Varianten auf. Die Chinesen sehen die Nase als Maßstab für Wohlstand, Bedeutung, Lebenskraft, Intellekt, Wissen und Sexualität. Bei der Gesichtsdiagnose sollten Sie auf Größe, Farbe und Struktur der Nase achten und auch die Form der Nasen-flügel berücksichtigen.

FLACH

Nasen, die von vorne breit und von der Seite flach aussehen, gehören meist Menschen, die sich für viele
Dinge interessieren, für Politik, Soziales und die Umwelt.
Solche Menschen können sehr unterhaltsam und
gesellig sein, sind aber auch oft unentschlossen. Sie
sind meist sehr umgänglich und es ist leicht, ihnen
näher zu kommen und mit ihnen vertraut zu werden,
deshalb sind sie gute Freunde und Liebhaber. Diese
Charakterzüge sind alle ziemlich Yin.

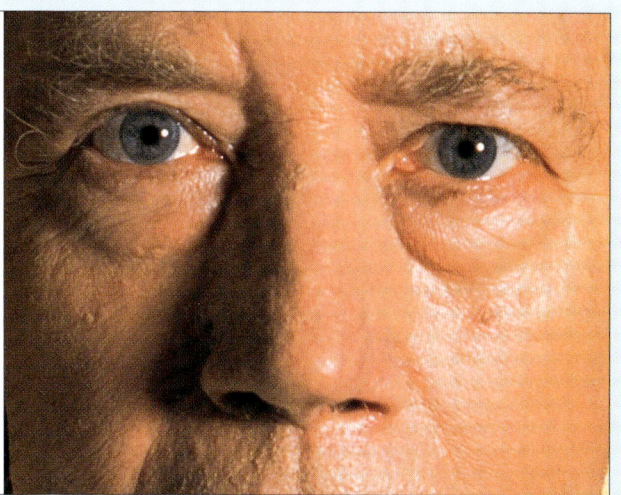

KURZ UND SCHMAL

Menschen mit einem schmalen
Nasenrücken und kurzer Nase
haben meist eine gute Kontrolle über
ihre Gefühle und sind deshalb ziemlich Yang. Sie tendieren zu Schüch-
ternheit und versuchen, im Umgang
mit anderen Kontrolle und Würde zu
bewahren. Es gefällt ihnen nicht, an
Späßen oder Feiern teilzunehmen,
bei denen sie sich zum Narren
machen müssen. Dieser Kontrollsinn
bezieht sich ebenfalls auf die materi-
elle Ebene; diese Menschen mögen
keine Extravaganz und gehen auch
sonst vorsichtig mit ihrem Geld um.

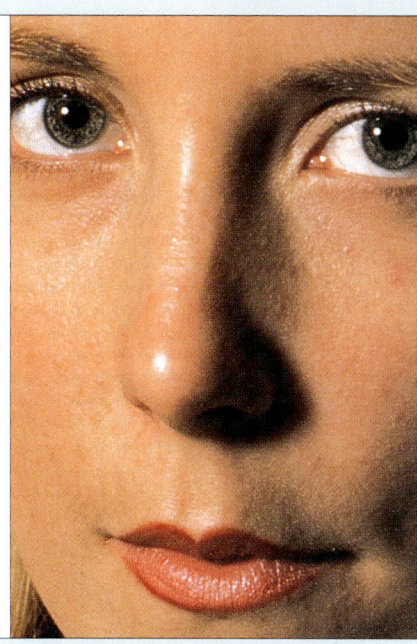

GROSS

Wenn die Nase der herausragendste
Gesichtszug ist, haben Sie es mit
einem Menschen zu tun, der in
seinem Leben durch emotionale
Höhen und Tiefen geht. Meist haben
diese Menschen eine starke Antriebskraft, die sie in allen Dingen vor-
wärtstreibt. Eine große Nase weist
auf viel Yin hin.

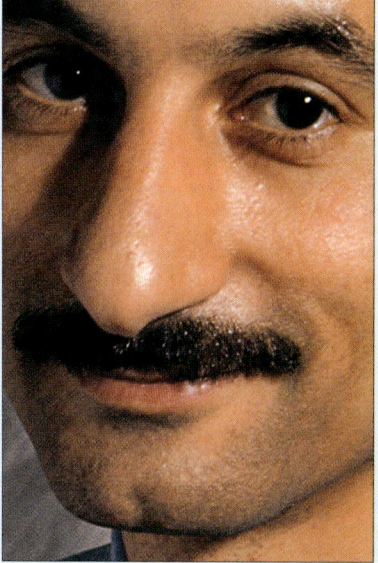

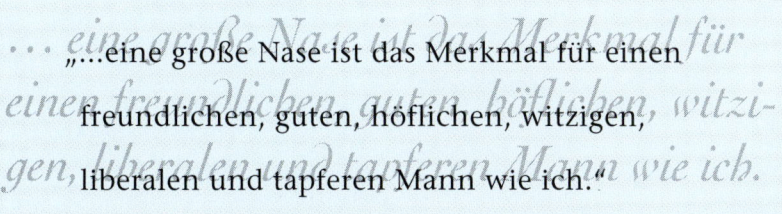

„...eine große Nase ist das Merkmal für einen
freundlichen, guten, höflichen, witzigen,
liberalen und tapferen Mann wie ich."

Cyrano de Bergerac EDMOND DE ROSTAND

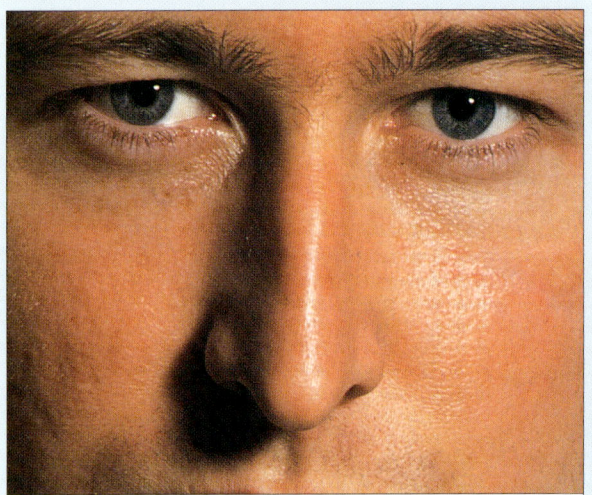

STUMPFNASE

Nasen mit weicher Spitze sind ziemlich Yin. Menschen mit diesem Gesichtszug kommen auf emotionaler Ebene meist gut mit anderen aus und machen sich stark für verschiedene Dinge. Sie gründen ihre Entscheidungen meist auf die Gefühle, die sie in dem bestimmten Moment haben. Wenn Sie die Gesichtsdiagnose bei einem Freund ausüben, fragen Sie, ob Sie die Nasenspitze berühren dürfen. Je weicher sie ist, desto mehr Yin.

LANG UND SCHMAL

Ein Mensch mit einer langen Nase und einem schmalen Nasenrücken konzentriert seine Emotionen auf wenige Punkte zur gleichen Zeit und versucht nicht, alle Dinge gleichzeitig zu erledigen. Dieses Merkmal spricht für viel Yang.

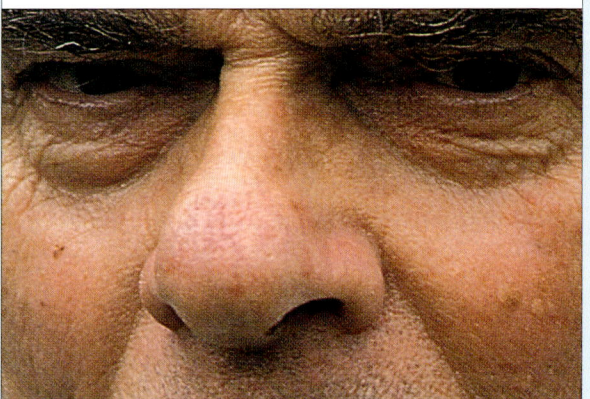

HARTE SPITZE

Achten Sie auf eine Nase mit einer dünnen Nasenspitze. Hinter diesem Nasentyp versteckt sich ein kühler Kopf. Solche Menschen gehen durch schwierige Situationen im Leben ohne Rücksicht auf emotionale Gefühle. Im Gegenteil, sie werden immer eine objektive und praktische Lösung für ihre Probleme finden. Sie gehen meist vorsichtig mit ihrem Geld um, es mangelt ihnen an Impulsivität beim Geben. Falls möglich, fragen Sie die Person, ob Sie die Nasenspitze anfassen dürfen. Je härter die Spitze, desto stärker ist das Yang.

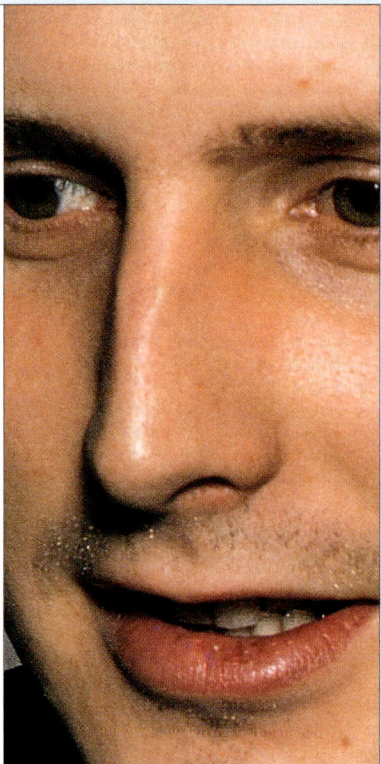

Der Pinocchio-Effekt

Nicht nur in Gute-Nacht-Geschichten für Kinder kommt es vor, dass die Nase wächst, wenn jemand lügt. Neuere Forschungen haben ergeben, dass das Blut in die Nase steigt und das Nasengewebe anschwellen lässt, wenn man Lügen erzählt. Dieses Wachstum ist mit bloßem Auge nicht sichtbar, aber der Lügner verrät sich, indem er oder sie sich immer wieder die Nase reibt oder berührt.

GLÄNZENDE HAUT

Eine glänzende Nase kann auf zu viel Fett in der Nahrung hinweisen. Menschen mit diesem Nasentyp sollten sich bemühen, ihre Nahrung durch die Aufnahme von mehr Getreide und Gemüse gesünder zu gestalten.

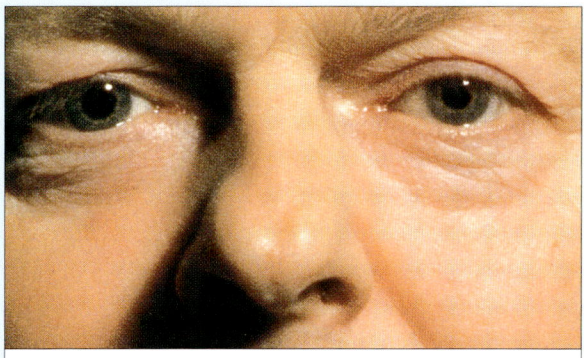

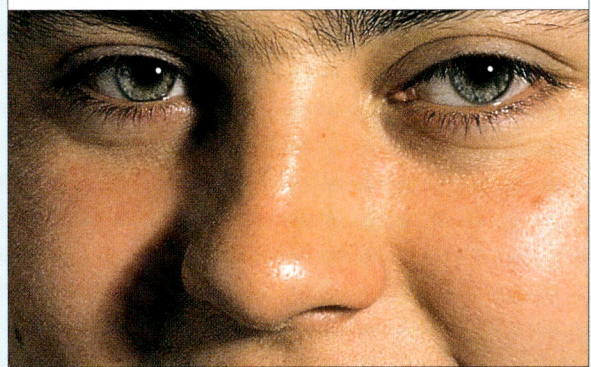

GESPALTENE SPITZE

Achten Sie auf Einbuchtungen auf der Nasenspitze vorne. Menschen mit diesem Gesichtszug lieben Extremsituationen in ihrem Leben und gehen durch emotionale Höhen und Tiefen. Dadurch können sie leicht launisch werden. Durch ihre interessante und ungewöhnliche Denkweise können sie sehr kreativ sein.

VIOLETTE FARBE

Eine rötlich-violette Färbung auf der Nase weist auf eine Stagnation im Blutkreislauf hin. Diese Menschen haben ein Übermaß an Yin, das vielleicht durch zu viel Alkohol, zu viele Süßigkeiten, durch zu saure Nahrung oder mangelnde Bewegung verursacht wurde. Diese Menschen haben vielleicht Probleme, schwierige Zeiten durchzustehen, wenig Interesse an körperlicher Tätigkeit und keinen Sinn für Abenteuer.

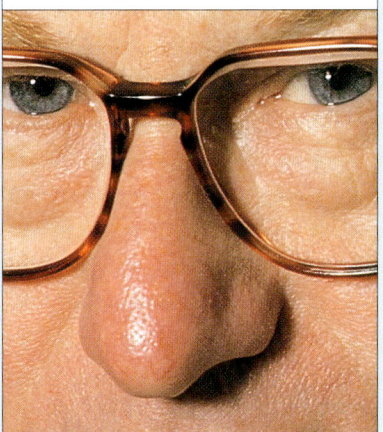

NASENFLÜGEL offenbaren viele interessante Aspekte eines Menschen.

Große und zitternde Nasenflügel (rechts). Menschen mit großen Nasenflügeln können mehrere Dinge gleichzeitig machen und sind in dieser Hinsicht sehr Yin. Meist sind sie sehr unabhängig und ziehen es vor, sich in schwierigen Situationen auf sich selbst zu verlassen, anstatt andere zu Hilfe zu rufen.

Kleine Nasenflügel. Wenn Sie jemand mit diesem Merkmal kennen, haben Sie vielleicht festgestellt, dass die- oder derjenige langsam durchs Leben geht und sich nie mehr als einer Sache zuwendet. Solche Menschen können sich bei ihren Entscheidungen von anderen abhängig machen – ihre Einstellung kann ziemlich negativ sein. Diese Charakterzüge sind in jeder Hinsicht vorherrschend Yang.

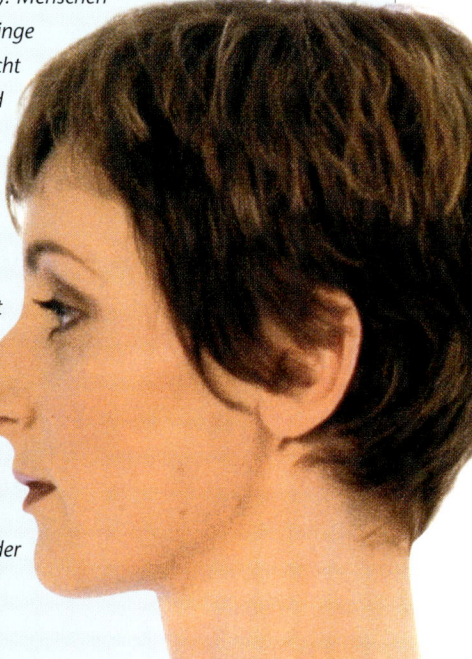

HÖCKER AUF DEM NASENRÜCKEN

Menschen, bei denen im Profil ein Höcker auf der Nase zu sehen ist, sind nach außen hin starke und dickköpfige Charaktere. Sie sind meist sehr großzügig und genießen einen hohen Lebensstandard, können aber leicht ungeduldig werden, wenn der Erfolg nicht sofort eintrifft.

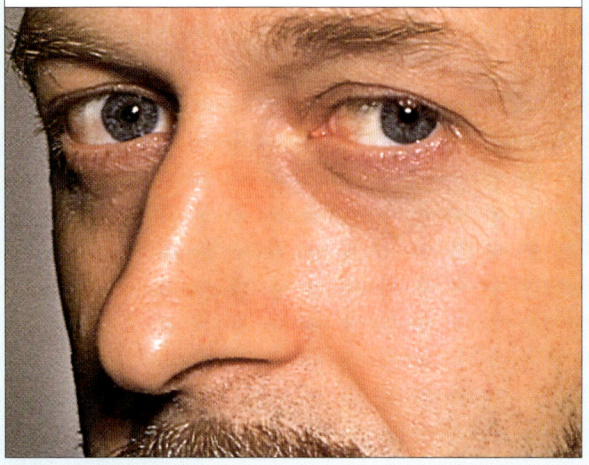

Eine Nase fürs Geschäft

In der Gesichtsdiagnose geht man davon aus, dass Menschen mit großen Nasen die besten Führungskräfte abgeben. Um den besten Organisierer und Strategen herauszufinden, suchen Sie nach Menschen mit einer drallen, fleischigen, leicht gekrümmten Nase. Diese Menschen sind Meister im Umgang mit Mitarbeitern und sehr erfolgreich. Wenn Sie nach aggressiven und kraftvollen Führungskräften Ausschau halten, achten Sie auf Menschen mit einer Habichtsnase oder gekrümmten Nase. Im Gegensatz dazu haben ruhigere Menschen mit einem klaren Geist lange und sehr gerade Nasen. Denken Sie bitte daran, dass Männer größere Nasen haben als Frauen; die Nasen erfolgreicher weiblicher Führungskräfte sind aber sicher größer als die anderer Frauen.

STUPSNASE

Diese ziemlich kleine Nase ragt an der Spitze nach oben. Der wichtigste Wesenszug ist Großzügigkeit und Empfindsamkeit. Die Naivität und Sorglosigkeit kann auf andere sehr anziehend wirken. Diese Menschen haben aber oft Angst vor Verpflichtungen und können sich nur schwer konzentrieren.

RÖMISCH

Dieser Nasentyp ist meist groß, die Spitze zeigt nach unten. Mit der römischen Nase werden viele gute Eigenschaften assoziiert – Stärke, Lebenskraft, Energie, Mut, Entschiedenheit, Ehrgeiz und klares Denken. Menschen mit diesem Nasentyp sind erfolgreich und nehmen oft Machtpositionen ein. Sie sind enthusiastische Führungskräfte und genießen die Herausforderung.

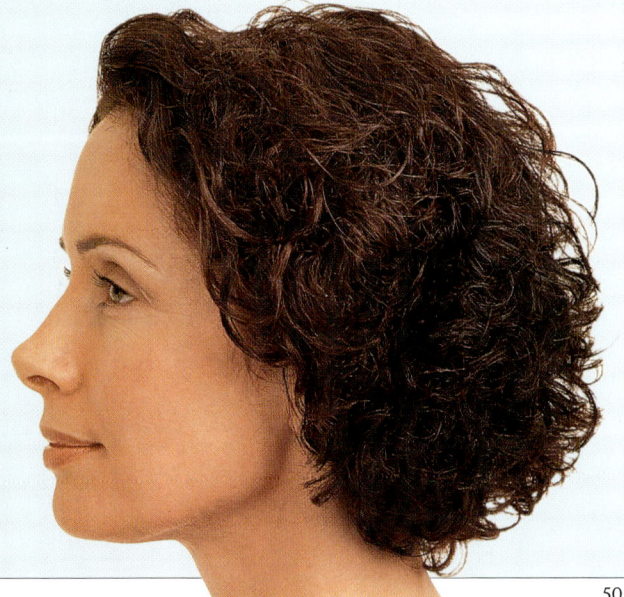

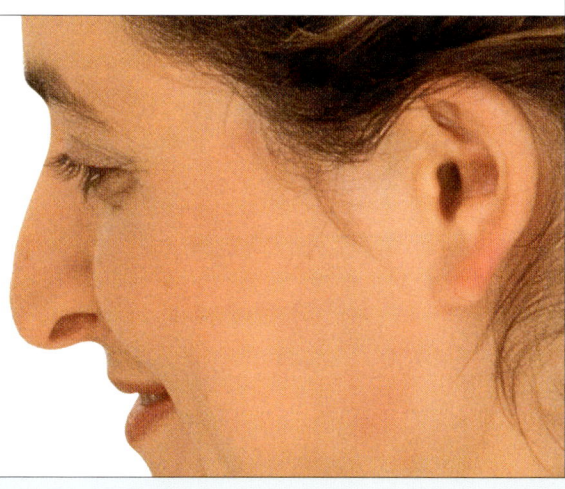

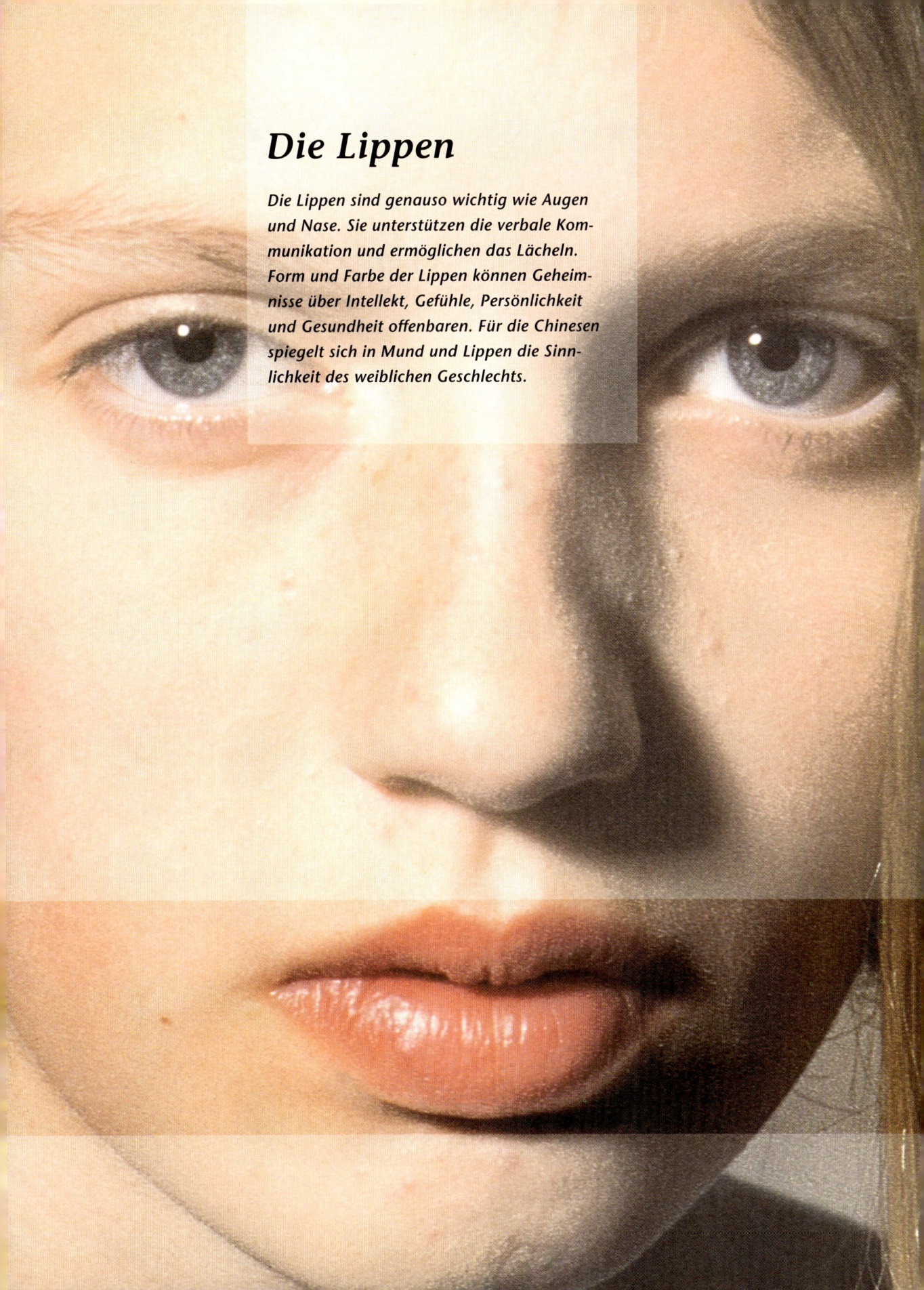

Die Lippen

Die Lippen sind genauso wichtig wie Augen und Nase. Sie unterstützen die verbale Kommunikation und ermöglichen das Lächeln. Form und Farbe der Lippen können Geheimnisse über Intellekt, Gefühle, Persönlichkeit und Gesundheit offenbaren. Für die Chinesen spiegelt sich in Mund und Lippen die Sinnlichkeit des weiblichen Geschlechts.

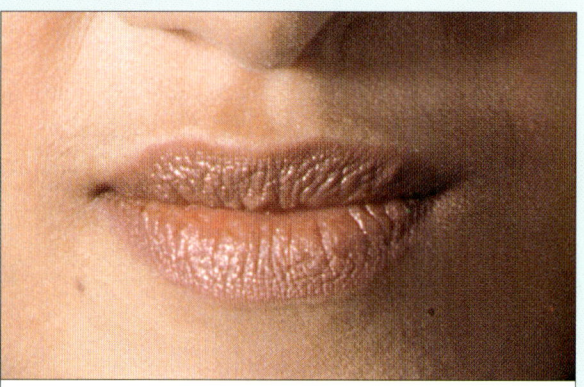

VOLL

Menschen mit großen, fleischigen Lippen können sich leicht entspannen. Sie wissen, wie sie am besten genießen können und haben viel Sinn für Humor. Bereiten die Umstände jedoch kein Vergnügen mehr, können sie leicht die Motivation verlieren und schlimmstenfalls faul werden. Diese Wesenszüge sprechen alle für ziemlich viel Yin.

BREIT

Menschen mit einem breiten Mund wollen oft die unterschiedlichsten Situationen durchleben; sie langweilen sich schnell, wenn sie tagein, tagaus das Gleiche tun sollen. Deshalb fällt es diesen Yin-Charakteren sehr schwer, ein durchstrukturiertes Leben zu führen und reiner Routine zu folgen.

Der sinnliche Mund

Der Mund ist der reizvollste und sinnlichste Teil des Gesichts. Frauen tragen Lippenstift auf, um ihre Lippen auffälliger und sich selbst attraktiv und sexy zu machen; die Lippen sind auch das Werkzeug, mit dem geküsst wird. Die Gesichtsdiagnose zeigt uns, nur durch die Beobachtung des Mundes, welcher Typ von Liebhaber jemand ist. Wenn Sie sehr offenen und aufregenden Sex lieben, sollten Sie einen Partner mit einem großen Mund suchen. Es stimmt, dass Menschen, vor allem Frauen, mit großen, vollen Lippen sehr erotisch sind, Sie werden vielleicht auch feststellen, dass diese Menschen sexuell entspannte, leidenschaftliche und abenteuerreiche Liebhaber sind. Umgekehrt tendieren Menschen mit einem kleinen Mund dazu, sexuell verklemmt und umständlich zu sein, wenn es zum Geschlechtsverkehr kommt. Für diese Menschen sind Freundschaft und Sicherheit in einer Beziehung wichtiger als die Leidenschaft .

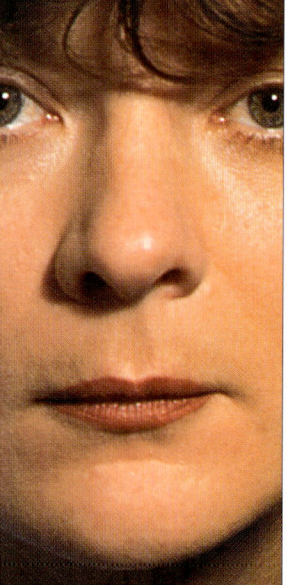

KLEIN

Achten Sie auf einen Mund mit ziemlich dünnen Lippen, der nicht viel breiter ist als der breiteste Teil der Nase. Introvertierte Menschen haben oft solch einen Mund. Sie haben einen starken Willen und sehnen sich oft sehr nach Unabhängigkeit. Sie können bezaubernde, hart arbeitende Menschen sein, tendieren aber auch zum Einzelgängertum. Im schlimmsten Fall werden sie überkritisch.

TIEFE VERTIKALE FALTEN

Dieser Yang-Zustand kann das Ergebnis von persönlichen Problemen sein, etwa durch langfristigen Stress und Überarbeitung. Er kann aber auch durch eine Ernährung verursacht sein, die zu viel Yang enthält in Fleisch, Eiern, Salz und Gebratenem.

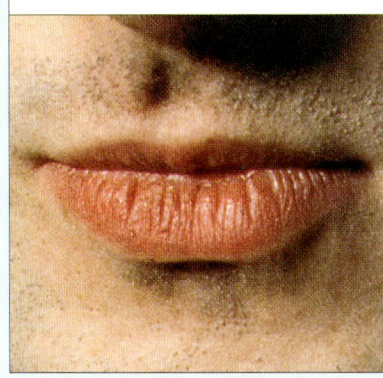

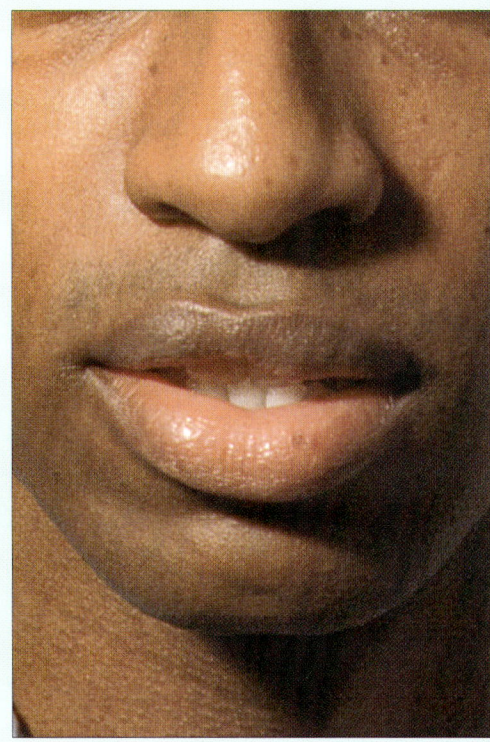

OFFENER MUND

Menschen, die den Mund immer etwas geöffnet halten, können sich selten längere Zeit konzentrieren. Oft fällt es ihnen schwer, auf spezifische Details einzugehen oder schnell zu denken. Das ist meist ein vorübergehender Zustand auf Grund von zu viel Yin. Man sollte in diesem Fall Yin-Nahrungsmittel wie Süßigkeiten und Eiskrem vermeiden.

DÜNNE LIPPEN

Hart arbeitende, verantwortungsbewusste Menschen haben oft dünne Lippen. Sie wollen ihre Unternehmungen immer vollständig durchführen. Deshalb sind sie anfällig für Überarbeitung und können nur schwer loslassen. Manchmal nehmen sie das Leben zu ernst und sind in dieser Hinsicht ziemlich Yang. In Zeiten von Stress kommt es vor, dass sie ein hartes, knotiges Gefühl in ihrem Darm verspüren.

FALTEN UM DEN MUND

Wenn um den Mund und die Lippen herum tiefe Falten sichtbar werden, ist das ein Zeichen dafür, dass jemand für eine sehr lange Zeit zu sehr Yang war. Stress, Überarbeitung und eine fetthaltige Ernährung können die Ursachen dafür sein. Diesen Menschen fällt es oft schwer, sich zu entspannen; sie sind leicht gereizt und ungeduldig.

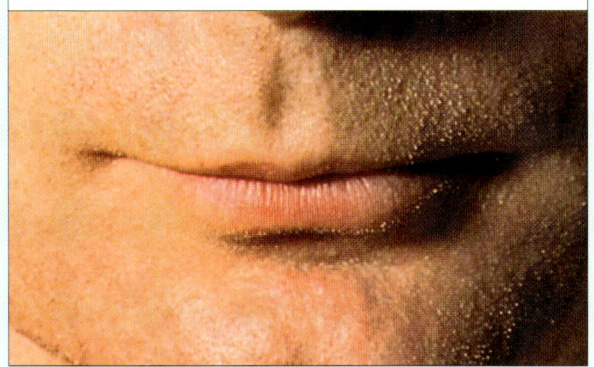

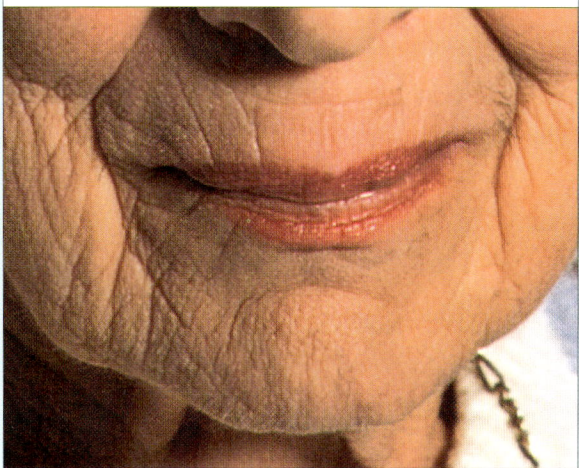

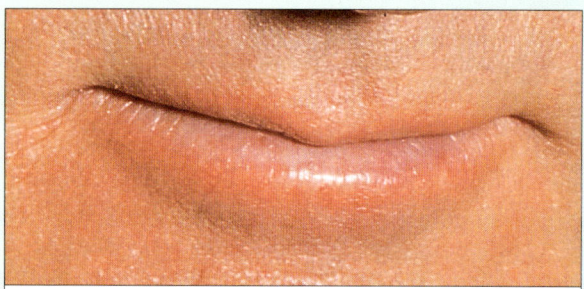

„Der Mund ist ein Altar,
das Opfer ist das Küssen;
das Priestertum allhier
will jedermann genießen."

LOGAU

BLASS

Wenn die Lippen weißlich-rosa sind, könnte die betreffende Person vorübergehend unter mangelnder Lebenskraft leiden. Das ist ein Yin-Zustand, der unter extremen Umständen zu Unsicherheit, Besorgnis und Pessimismus führen kann.

RÖTLICH-ROSA

Lippen mit dieser Farbe sind ein Zeichen für Gesundheit und Wohlbefinden. Diese Menschen haben eine gute Verdauung und halten meist ihr Energieniveau, weil sie alle wichtigen Nährstoffe aus der Nahrung aufnehmen können.

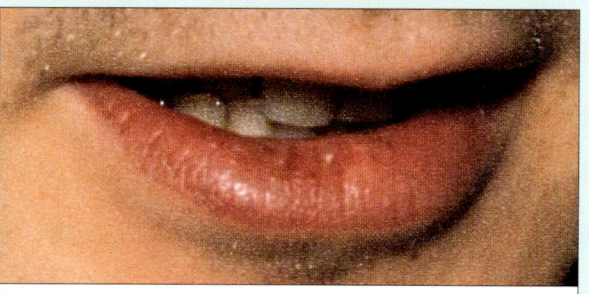

DUNKELROT

Lippen mit einer sehr dunklen Farbe sind ein Zeichen für eine blockierte Blutzirkulation im Verdauungssystem, vor allem wenn violette Flecken auftauchen. Menschen mit diesem Merkmal begeistern sich selten für neue Ideen und lassen nur widerwillig Veränderungen in ihrem Leben zu. Sie sind jedoch ziemlich ehrlich und lösen Probleme auf direktem Weg. Alle diese Wesenszüge sind Yang.

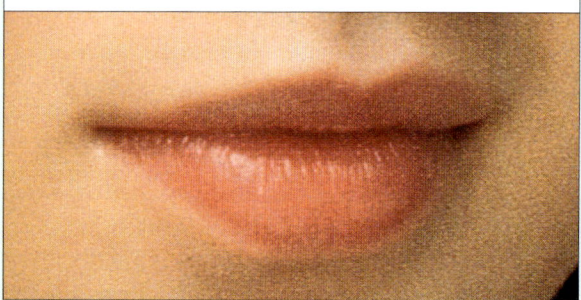

VOLLERE UNTERLIPPE

Menschen, bei denen die Unterlippe größer ist als die Oberlippe, sind meist entspannte und zufriedene Charaktere. Sie sind als Kinder nicht fordernd, sondern gesprächig und glücklich, ihre Motivation kann aber nachlassen, wenn sie nicht unterhalten werden. Dickere Unterlippen bei Erwachsenen werden als sehr sinnlich und attraktiv eingeschätzt.

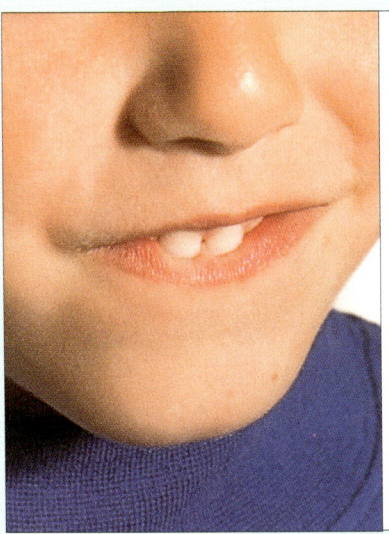

BEISSEN AUF DIE UNTERLIPPE

Jemand, der sich auf die Unterlippe beißt, hat sehr viel Yang in sich. Es ist ein Zeichen dafür, dass derjenige sich sehr aktiv und dynamisch fühlt. Sehr oft beißen Menschen sich auf die Unterlippe, während sie sich intensiv konzentrieren, es kann die Motivation erhöhen. Kinder beißen sich oft auf die Oberlippe, wenn sie ängstlich oder schüchtern sind.

STARKE U-FORM

Damit ist die U-Form auf der Mitte der Oberlippe direkt unter der Nase gemeint. Menschen mit diesem Merkmal haben potenziell eine starke Antriebskraft, die sie in ihrem Leben vorwärts bringt. Dies ist ein Zeichen für dominantes Yang.

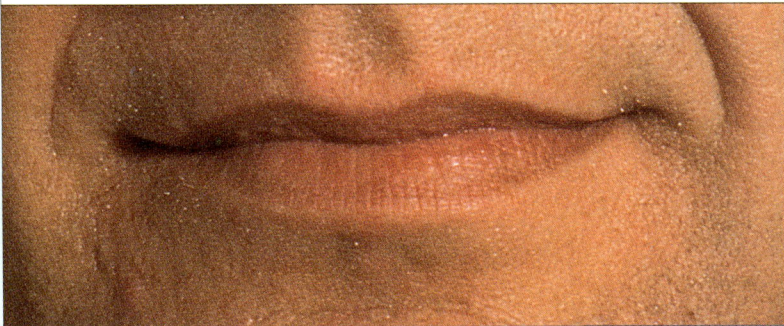

Zungendiagnose

Dies ist eine antike östliche Technik, mit der ähnlich wie in der Gesichtsdiagnose potenzielle Krankheiten erkundet werden. Untersucht wird die muskuläre Form der Zunge sowie Struktur und Beschaffenheit des Zungenbelags. Normale Zungen sind weich und feucht und leicht rosa. Sie sind weder dick noch dünn. Jemand, der eine blass-weiße Zunge mit einem weißen Zungenbelag hat, leidet unter einem Mangel an Qi-Energie. Zu viel Yin führt hier zu einem Gefühl der Müdigkeit und Lethargie. Im Gegensatz dazu hat jemand mit einer roten Zunge und einem dunkelgelben Zungenbelag ein Übermaß an Yang-Energie. Das kann zu Zorn und Frustration und zu Schwierigkeiten bei der Entspannung führen.

GRÖSSERE OBERLIPPE

Menschen mit einer größeren Oberlippe sind meist sehr emotional, sinnlich und sehr großzügig. Sie suchen nach einem hohen Lebensstandard, denn sie genießen gerne die angenehmen Seiten des Lebens. Durch ihren Sinn für Spaß und ihre lebhafte Fantasie können sie aber leicht den Realitätssinn verlieren. Diese Menschen grübeln nicht lange über Probleme nach, sie ziehen es vor, sich auf die schöneren Dinge in ihrem Leben zu konzentrieren.

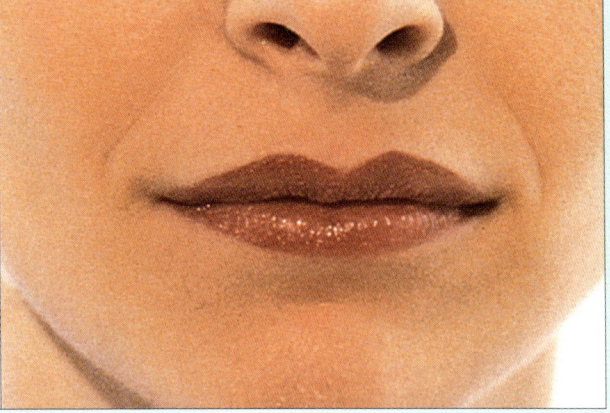

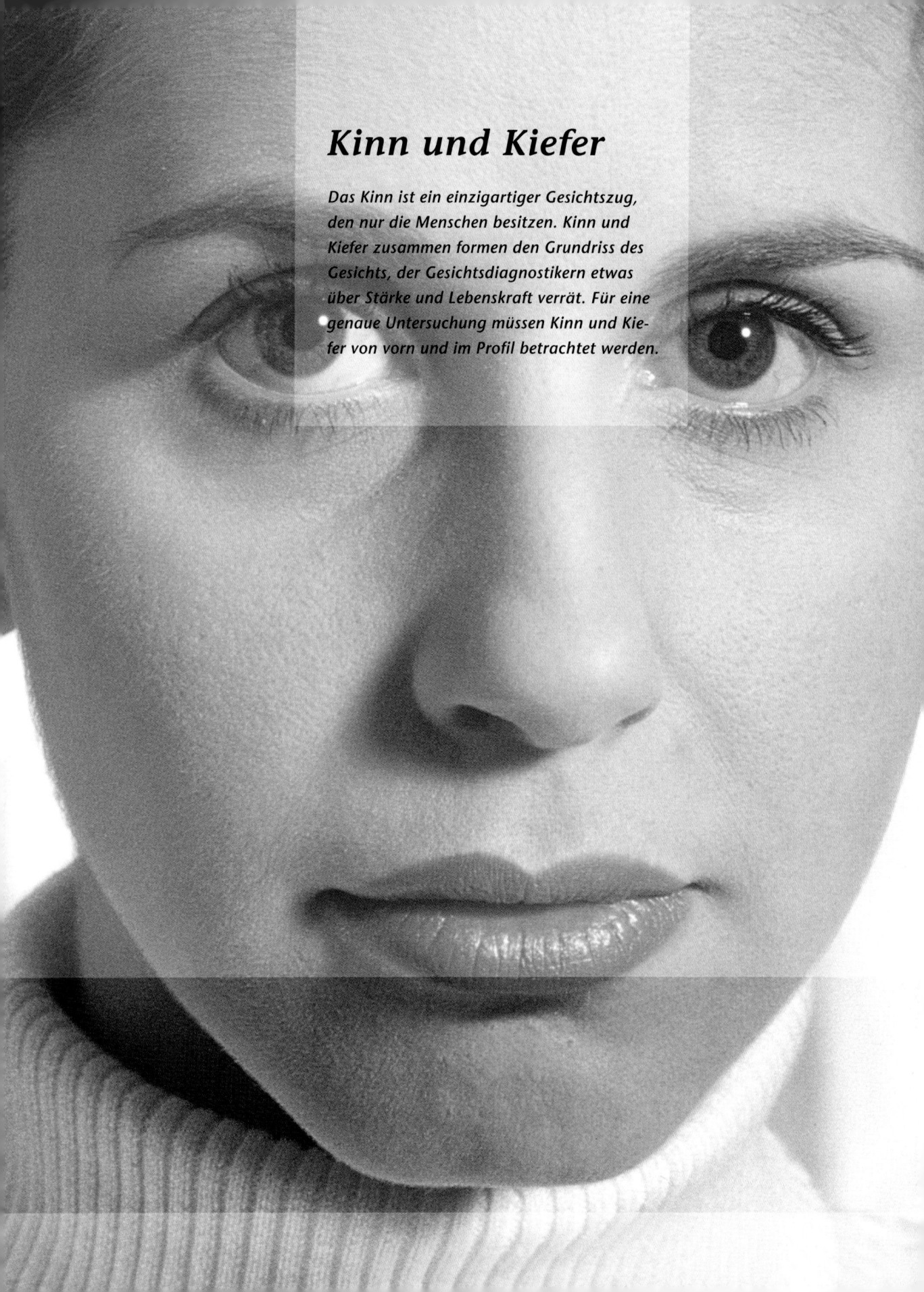

Kinn und Kiefer

Das Kinn ist ein einzigartiger Gesichtszug, den nur die Menschen besitzen. Kinn und Kiefer zusammen formen den Grundriss des Gesichts, der Gesichtsdiagnostikern etwas über Stärke und Lebenskraft verrät. Für eine genaue Untersuchung müssen Kinn und Kiefer von vorn und im Profil betrachtet werden.

Warum Bart?

In grauer geschichtlicher Zeit galten Bärte als Zeichen für Weisheit, Würde und Männlichkeit, später waren sie mal modisch und mal nicht. Heute lassen sich Männer aus verschiedenen Gründen einen Bart wachsen: Einige versuchen ein unansehnliches Kinn zu verstecken, andere hoffen, das Doppelkinn verbergen zu können. Manche Männer möchten künstlerisch oder intellektuell wirken und lassen sich einen Bart wachsen, andere haben einfach keine Lust, sich täglich zu rasieren.

SCHMALES KINN

Achten sie auf ein spitzes Kinn, bei dem der untere Teil des Gesichts um einiges schmaler ist als der mittlere und obere Teil. Das Kinn ist nur so breit wie der breiteste Teil der Nase. Menschen mit einem schmalen Kinn erreichen die Ziele in ihrem Leben meist, indem sie verschiedene Wege ausprobieren oder indem sie ihre Ziele angleichen, falls Schwierigkeiten auftauchen. Sie mögen keine Konfrontation und suchen immer nach einem Kompromiss. Wenn eine Angelegenheit nicht in ihrem Sinne verläuft, lassen sie sie einfach fallen. Alle diese Merkmale sind ziemlich Yin.

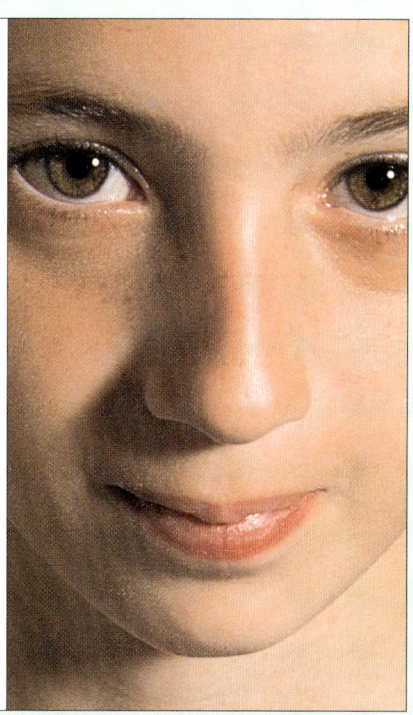

BÄRTE

Ein langer, dünner Bart kann ein Zeichen für vielseitige Begabung sein und gilt als vorrangig Yin. Menschen mit langen Bärten möchten stärker Yin erscheinen – kreativ, fantasievoll und gefühlvoll.

Umgekehrt weisen kurze, dicke Bärte auf viel Yang hin. Ein Mann, der sich einen dicken Bart wachsen lässt, möchte körperlich orientiert und aktiv erscheinen, das sind beides Yang-Charakteristika. Ein Mensch mit kurzen Stoppeln will meist stark und wild aussehen.

BREIT UND ECKIG

Ein breites Kinn ist immer bedeutend breiter als der weiteste Teil der Nase. Stärke, Entschlossenheit und Kraft charakterisieren Menschen mit diesem Gesichtszug. Sie sind meist stabil, kommen gut mit Krisen klar und bereiten alles gründlich vor, bevor sie in Aktion treten. Menschen mit breiten und zudem eckigem Kinn sind meist sehr direkt und denken strukturiert und logisch. Ein gesunder Menschenverstand ist ihnen eigen. Alle diese Wesenszüge sind vorrangig Yang.

VORSTEHEND

Im Profil ragt ein vorstehendes Kinn bis zur Oberlippe vor. Dies ist ein Yang-Merkmal und lässt auf viel Kraft schließen. Menschen mit diesem Gesichtszug kommen in ihrem Beruf oft bis ganz nach oben und gewinnen viel Einfluss in der Gesellschaft. Aber sie können auf ihrem Weg andere Menschen verletzen und dadurch ihre Erfolge gefährden. Diese Menschen lieben meist körperliche Betätigung und haben einen Sinn für Leistungen im Leben.

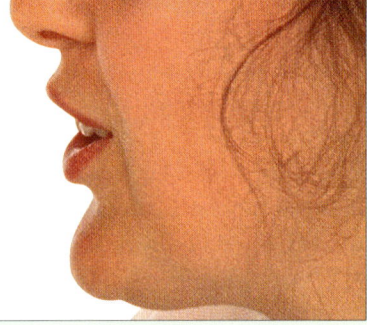

RUND

Dieses Kinn sieht im Profil weich und rundlich aus. Menschen mit diesem Gesichtszug haben meist ein ausgeglichenes und ruhiges Temperament. Sie sind kooperativ, haben viel Verantwortungsbewusstsein und sind deshalb oft erfolgreich im Beruf. Aber sie sind nicht völlig auf die Karriere fixiert, sie sind sehr gefühlvoll und haben einen starken Familiensinn.

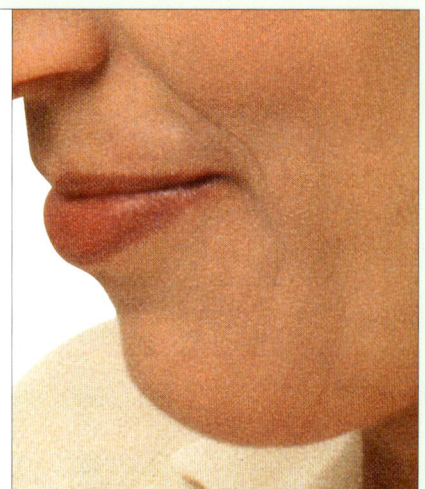

FLIEHEND

Dieser Kiefer zeigt im Profil eine nach hinten abfallende Linie von der Oberlippe bis zum unteren Kinn. Wenn Sie Menschen mit diesem Gesichtszug kennen, haben Sie vielleicht festgestellt, dass sie herausfordernde Diskussionen besonders lieben. Sie sind aber meist nicht sehr ehrgeizig oder konkurrenzbetont. Alle diese Züge sind ziemlich Yin.

LANG

Beobachten Sie das Kinn von vorn, um zu sehen, ob es die längste Zone im Gesicht einnimmt. Menschen mit diesem Kinn sind in ihren Gefühlen oft sehr empfindlich und instabil. Trotzdem finden sie sehr leicht Freunde und sind sehr liebevoll. Ihr gutes Organisationstalent ermöglicht ihnen oft häufige Erfolge bei der Arbeit, obwohl sie nicht sehr ehrgeizig sind.

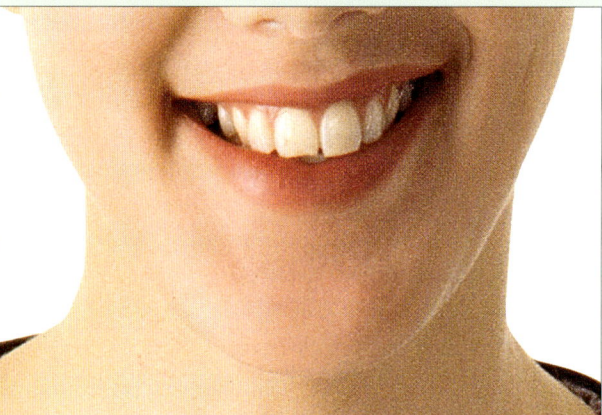

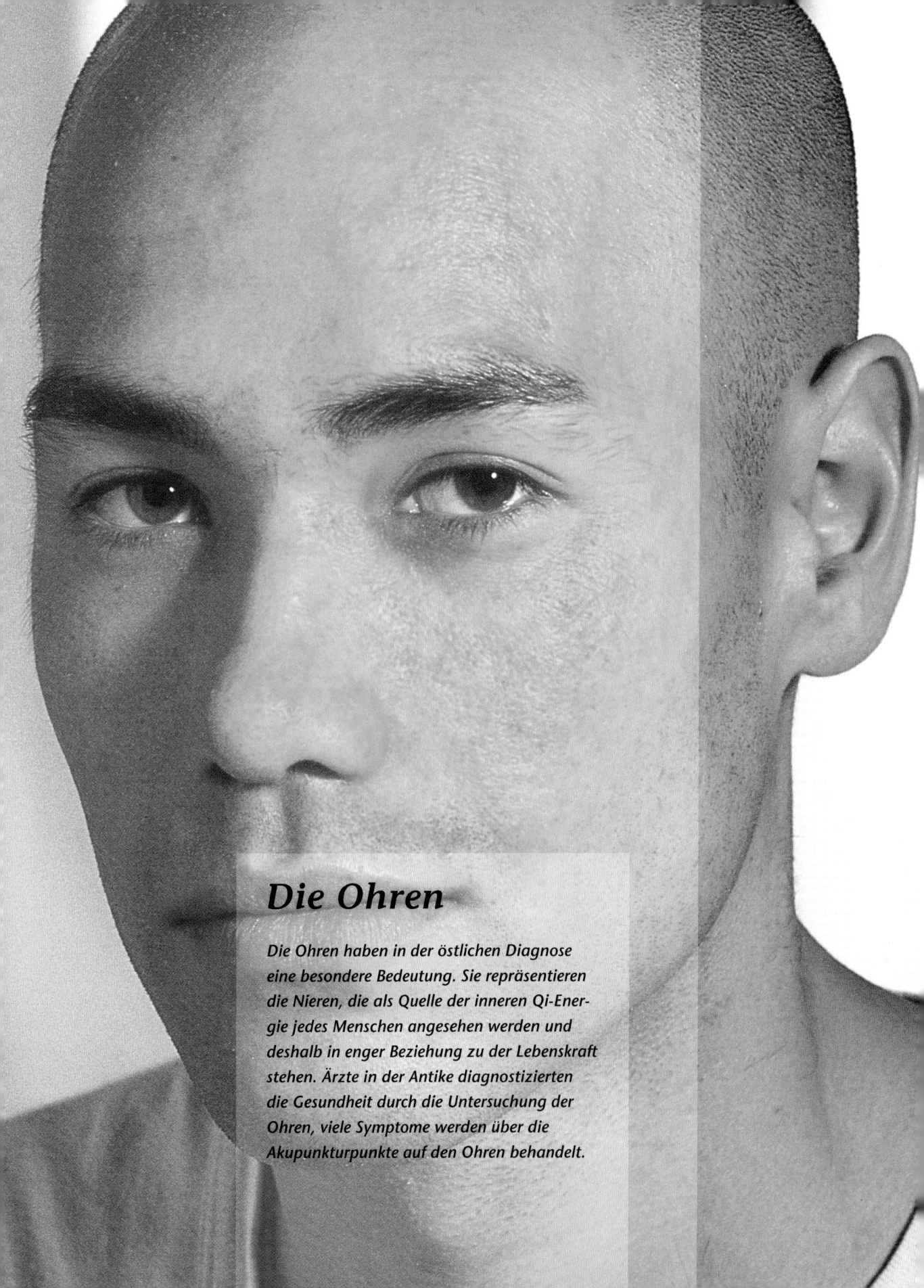

Die Ohren

Die Ohren haben in der östlichen Diagnose eine besondere Bedeutung. Sie repräsentieren die Nieren, die als Quelle der inneren Qi-Energie jedes Menschen angesehen werden und deshalb in enger Beziehung zu der Lebenskraft stehen. Ärzte in der Antike diagnostizierten die Gesundheit durch die Untersuchung der Ohren, viele Symptome werden über die Akupunkturpunkte auf den Ohren behandelt.

HOCH SITZEND

Die Oberkante der Ohren liegt höher als die Augenbrauen und das Ohrläppchen sitzt höher als die Nasenspitze. Menschen mit diesen Ohren werden oft nur kurze Energiestöße aufwenden, um ihre Ziele zu erreichen. Mit einem Großteil ihrer Energie versuchen sie dagegen Abkürzungen zum Erfolg zu finden. Diese ehrgeizigen Menschen sind meist ungeduldig und aggressiv. In Partnerschaften werden sie jegliche Probleme gleich aussortieren, anstatt näher darauf einzugehen. Diese Charakteristika sind alle ziemlich Yang.

GROSS

Um die Größe der Ohren einzuschätzen, müssen Sie zuerst die Entfernung zwischen der Mitte der Augen zur Mitte des Mundes feststellen. Sind die Ohren gleich lang oder länger, werden sie als groß eingestuft. Menschen mit großen Ohren sind meist voller Lebenskraft. Obwohl sie vielleicht nicht voller Tatendrang sind, werden sie doch mit allen Schwierigkeiten fertig. Wenn sie auf sich gut achten, führen sie ein gesundes und langes Leben. Diese Menschen haben reichlich Sexualkraft, falls sie nicht unter gesundheitlichen Beschwerden leiden, fällt es ihnen leicht, ein Kind zu empfangen.

Die Zonen des Ohrs

Das Ohr kann, wie auch die Stirn und das ganze Gesicht (s. S. 28 und 67), in verschiedene Zonen eingeteilt werden. Durch die Beobachtung der einzelnen Zonen lernen Sie viel über den Charakter der betreffenden Person.

Die obere Zone offenbart Intellekt und Intelligenz. Die mittlere Zone repräsentiert die Fähigkeit zur Kommunikation und die untere Zone symbolisiert das Selbstverständnis. Die größte Zone hat den größten Einfluss auf den Charakter.

Wenn beispielsweise die obere Zone am größten ist, haben Sie es mit einer logischen und intellektuellen Person zu tun. Menschen mit großen Mittelzonen sind erfolgreich in der Kommunikation: sie sind gute Zuhörer, Redner und Unterhalter. Wenn die untere Zone am größten ist, liebt der betreffende Mensch körperliche Aktivitäten und sucht nach dem Ideal in seinem Leben.

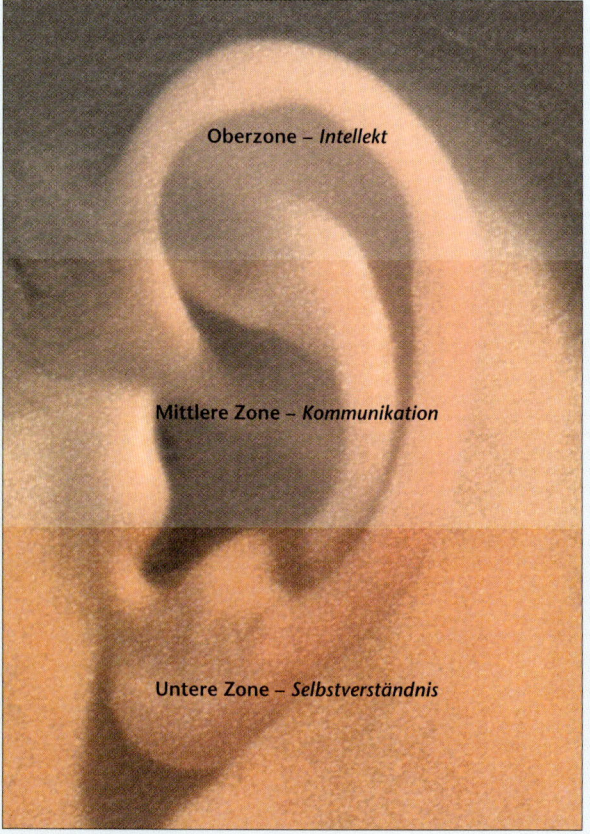

Oberzone – *Intellekt*

Mittlere Zone – *Kommunikation*

Untere Zone – *Selbstverständnis*

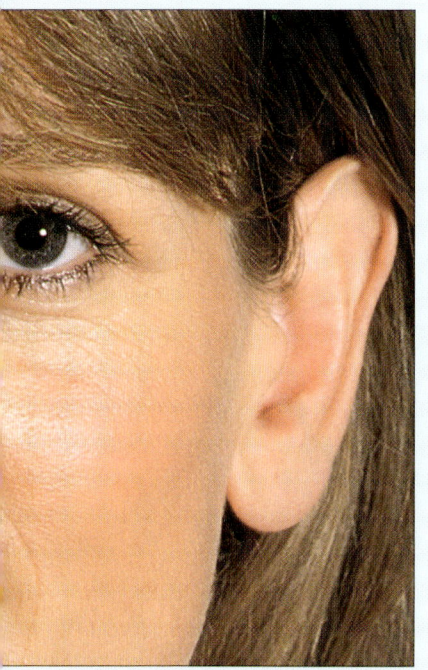

TIEF SITZEND

Die Oberkante der Ohren sitzt tiefer als die Augenbrauen, das Ohrläppchen ist tiefer als die Nase. Kinder mit diesen Ohren sind fürsorglich und gesprächig. Sie packen gerne mit an und lieben es, viele Menschen um sich zu haben. Als Erwachsene schreiten sie gemächlich durchs Leben und denken sehr lange nach, bevor sie Entscheidungen treffen. Freunde schätzen sie als vertrauenswürdig und verlässlich ein, obwohl sie diese Erwartungen nicht immer erfüllen.

Zeichen der Weisheit

Experten der Gesichtsdiagnose sehen die Ohren als Zeichen der Weisheit; je länger die Ohren, desto größer die Intelligenz. Es ist interessant, zu wissen, dass die Ohren als einziger Gesichtsteil während des ganzen Lebens weiter wachsen, ältere Menschen haben deshalb auch größere Ohren. In einigen Völkern des Altertums wurden die Führer nach der Größe ihrer Ohren ausgewählt; man dachte, Männer mit großen Ohren sind im reiferen Alter und weise, weil sie ein ganzes Leben voller Erfahrungen hinter sich haben.

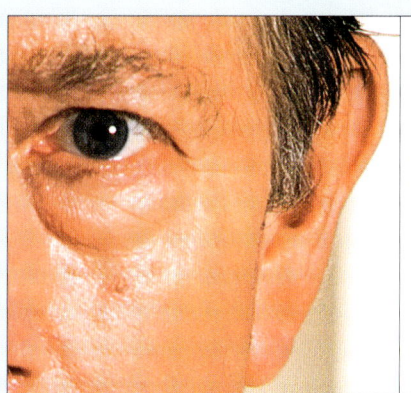

UNTEN GUT ENTWICKELT

Diese Ohren sind größer in der mittleren und unteren Zone. Diese Menschen haben viel Selbstsicherheit und Selbstvertrauen, sind körperlich aktiv, zuverlässig und arbeiten hart. Sie streben danach, die Fähigkeiten zu entwickeln, die sie interessieren; sie sind gesellig und gute Mannschaftsspieler. Dominiert werden sie von Yang.

OBEN GUT ENTWICKELT

Diese Ohren sind oben und in der Mitte größer und gehören Menschen, die intellektuell orientiert sind und wissenschaftliche Themen mögen. Sie sind sehr empfindsam und meist keine körperlichen Abenteurer. Ihre Vorstellungskraft, ihr Erfindungsgeist und Individualismus spricht für viel Yin.

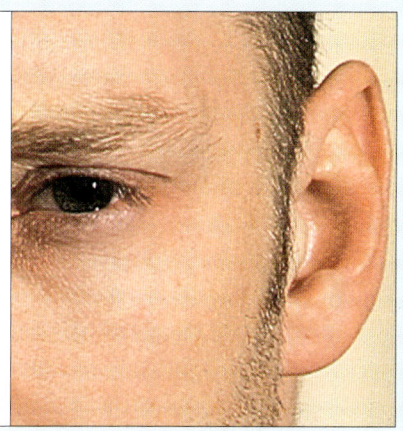

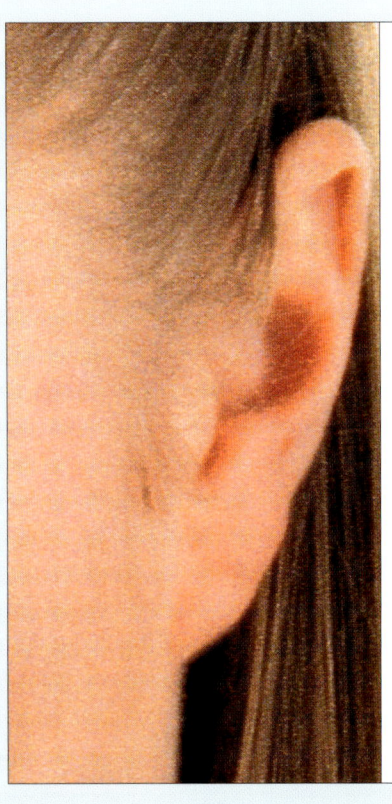

FLACHE OHREN

Ohren, die nicht an der Seite herausstehen, wenn man von vorn schaut, sind flach. Empfindsame Menschen haben meist solche Ohren, sie sind gute Zuhörer und erörtern sehr unterschiedliche Meinungen, bevor sie eine neue Idee formulieren. Manchmal legen sie allerdings zu viel Wert auf die Sichtweise anderer.

OHRRINGE

Seit der Antike werden die Ohren für Ohrringe durchstochen. In der Gesichtsdiagnose geht man davon aus, dass Menschen mit Ohrringen unbewusst ihre Akupunkturpunkte stimulieren möchten. Ohr-Akupunktur kann Kopfschmerzen lindern, Schmerzen des Bewegungsapparates erleichtern und Verdauungsbeschwerden vorbeugen.

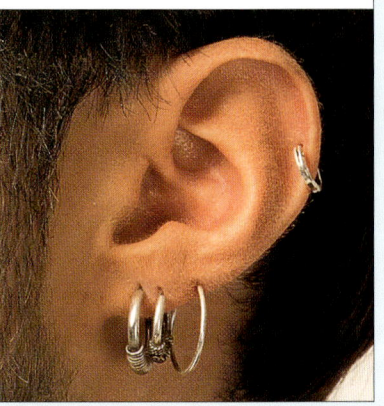

Ohren wie Fingerabdrücke

Jedes Ohr ist anders. Neben den Fingerabdrücken enthalten die Ohren die meisten einzigartigen sichtbaren Informationen über eine Person und werden deshalb oft zur fotografischen Identifizierung benutzt. Die Polizei konnte vor kurzem einen Vergewaltiger festnehmen, der den Abdruck seines Ohrs auf einem Fenster hinterlassen hatte. Diese Technik wurde auch angewendet im berühmten Fall „Anastasia", in der eine Anna Anderson behauptete, die ermordete Tochter von Zar Nicholas II. zu sein. Fotografen und Untersuchungsbeamte verglichen die Ohren der wirklichen Anastasia mit der von Anna und stellten fest, dass sie fast identisch waren. Leider konnte wegen der alten und ungenauen Fotos ein hundertprozentiges Urteil nicht gefällt werden.

ABSTEHENDE OHREN

Diese Ohren sind sichtbar, wenn man von vorn schaut. Es ist zehn Millimeter und mehr Platz zwischen dem Rand des Ohrs und dem Kopf. Menschen mit diesen Ohren haben oft eine sehr feste Meinung. Sie hören nicht gerne zu und entwickeln ihre eigenen Gedanken und Ideen. Im schlimmsten Fall erscheinen sie eigensinnig und störrisch.

KLEIN

Die Ohren sind um einiges kürzer als die Distanz von den Augen zum Mund. Menschen mit kleinen Ohren entwickeln oft ein großes Gespür für ihre Gesundheit und sind in dieser Hinsicht ziemlich Yin. Sie sind sich oft bewusst, wie Ernährung und Lebensweise ihren Körper beeinflussen. Das hilft ihnen, gesund zu werden und gesund zu bleiben.

SPITZ

Diese Ohren laufen oben spitz zu. Menschen mit solchen Ohren sind originelle Denker und sehr erfinderisch. Ihr fantasievolles Wesen hilft ihnen, ihre Begabungen positiv zu nutzen, vor allem in Beziehungen. Unter extremen Umständen können sie launisch werden.

OHRLÄPPCHEN *symbolisieren in der Gesichtsdiagnose die Weisheit. Durch die Beobachtung ihrer Form und Größe können Sie viel über jede Persönlichkeit lernen.*

Groß *Ein großes Ohrläppchen hängt etwa 1cm weit hinunter von dem Punkt, an dem es an die Kopfhaut angrenzt. Einfallsreiche Menschen, die ihre Ideen gut in die Praxis umsetzen können, haben oft große Ohrläppchen. Man kann sich auf sie verlassen, wenn etwas vorangehen soll, oft haben sie überraschend gute Ideen genau in dem Moment, in dem sie gebraucht werden. Alle diese Wesenszüge passen zu einem Yang-Charakter.*

Kleine oder keine Ohrläppchen *(rechts) Menschen mit diesem Gesichtszug sind emotional und geistig orientiert. Es fällt ihnen schwer, ihre oft sehr guten Ideen in die Praxis umzusetzen; in dieser Hinsicht sind sie ziemlich Yin. Solche Menschen reagieren schnell emotional. Bei der Arbeit erwarten sie sofortige Ergebnisse und sind frustriert, wenn das nicht eintrifft.*

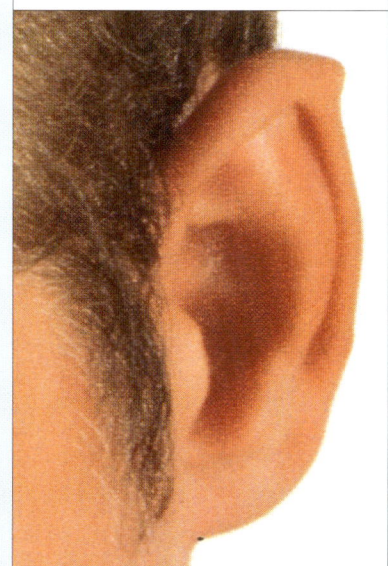

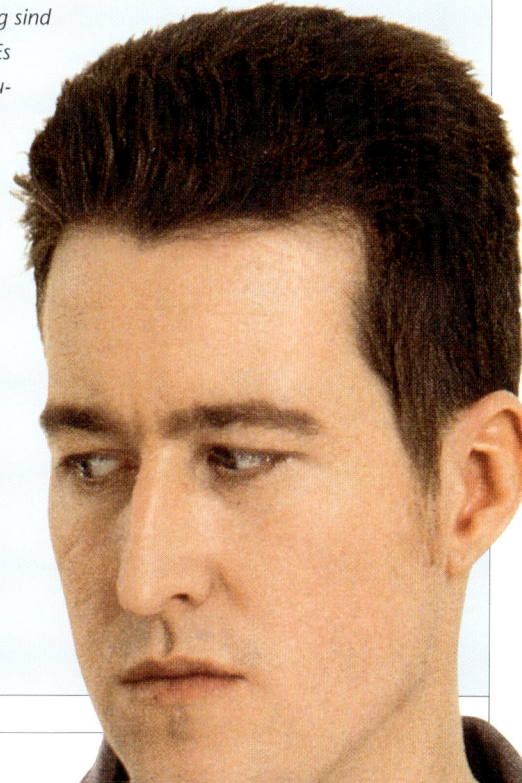

Die Kunst der Gesichtsdiagnose
hilft Ihnen im persönlichen und
gesellschaftlichen Bereich und in
Ihrem Arbeitsleben. Durch die Interpretation der Gesichtszüge werden
Sie sich selbst, Ihre Gesundheit und
natürlich auch andere Menschen
besser verstehen

So wenden Sie
Ihr Wissen an

2

Der Anfang

Die Kunst der Gesichtsdiagnose beginnt mit der Fähigkeit, in ein Gesicht zu schauen und alle vorhandenen Informationen aufzunehmen, ohne sich ein persönliches Urteil zu bilden. Machen Sie sich geistige Notizen über den Eindruck des Gesichts – das ist nicht immer einfach, vielleicht müssen Sie Ihre Beobachtungsfähigkeit noch steigern.

Sie wissen jetzt, wie einzelne Gesichtszüge erkannt und mit bestimmten persönlichen Wesenszügen und Verhaltensweisen in Verbindung gebracht werden. Dieses Wissen müssen Sie jetzt miteinander verschmelzen, um eine genaue Charaktereinschätzung vorzunehmen.

Viele Menschen unterhalten sich mit Fremden, ohne sich deren Gesichtszüge richtig anzuschauen – mit der Konsequenz, dass sie die Details sofort wieder vergessen. Wenn Sie das nächste Mal einen fremden Menschen kennen lernen, stellen Sie sich Fragen über seine Gesichtszüge – sind die Augen groß, liegen sie weit auseinander oder nahe beisammen?

Danach versuchen Sie ganz allgemein das Yin und Yang einzuschätzen. Entspricht die Gesichtsform eher Yin oder Yang, sind die Augen eher Yin oder Yang? Das Ziel ist, schnell zu erkennen, ob Sie ein Yin- oder Yang-Gesicht vor sich haben. Danach können Sie tiefer und detaillierter den Charakter analysieren.

Wo beginnen?

Am Anfang einer Gesichtsdiagnose sollten Sie das Gesicht aus vielen verschiedenen Winkeln betrachten. Wenn Sie Ihr eigenes Gesicht diagnostizieren, schauen Sie in einen Spiegel (s. S. 10–11). Sie haben dann mehrere Möglichkeiten. Nehmen Sie vier Fotos (s. unten: ganzes Gesicht, lächelnd; ganzes Gesicht ohne Ausdruck; linkes und rechtes Profil). Für die genauere Diagnose können Sie auch die Gesichtskomposition herstellen (s. S. 20–21). Sie können aber auch direkt mit jemanden von Angesicht zu Angesicht praktizieren. In allen Fällen sollte diejenige Person die Haare aus Stirn, Ohren und Wangen streichen und das Make-up entfernen; aber auch wenn einige Merkmale

Gesichtsdiagnose mit Fotos Um die neu erworbenen Fähigkeiten der Gesichtsdiagnose zu üben, sollten Sie einige Fotos von vorn und im Profil benutzen. Vergessen Sie dabei nicht, dass die Aufnahmen die eigentliche Hautfarbe, Gesichtsstruktur und den Ausdruck nicht wiedergeben können.

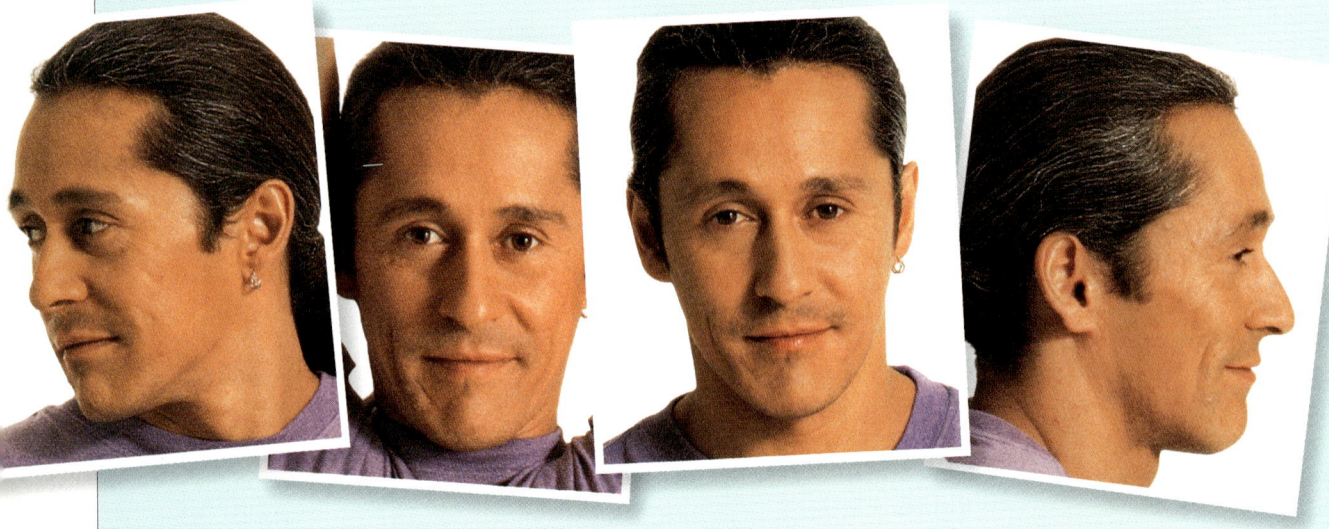

> „Die unterhaltendste Fläche auf der Erde für uns ist die des menschlichen Gesichts."
>
> **LICHTENBERG**

durch Make-up verdeckt bleiben, wird die Diagnose immer noch ziemlich genau.

Wenn Sie jetzt ein Foto oder eine Person vor sich haben, konzentrieren Sie sich zu Beginn auf das ganze Gesicht, nicht auf bestimmte Details. Schauen Sie sich Form und Farbe von vorn an. So lernen Sie, unterschiedliche Gesichtsformen zu erkennen – oval, rund, rechteckig oder dreieckig. Ein dreieckiges Gesicht ist entweder breit an der Stirn mit einem schmalen Kinn oder breit am Kinn mit einer schmalen Stirn. Ein rechteckiges Gesicht hat ein ausgeprägtes Kinn und eine breite Stirn. Ein rundes Gesicht ist breit an den Wangen mit kurzer Stirn und kurzem Kinn. Ein ovales Gesicht ist lang und schmal, vor allem an den Wangen. Dann schauen Sie sich das Gesicht von der Seite an und untersuchen das Profil. Achten Sie besonders auf Stirn, Nase und Kinn. Wenn Sie die Einzelheiten notiert haben, können Sie mit der genaueren Diagnose *(s. S. 68–69)* und einer tieferen Charaktereinschätzung beginnen *(s. S. 72–73)*.

Yin oder Yang?

Um zu entscheiden, ob jemand eher Yin oder Yang ist, suchen Sie drei Gesichtszüge, die hervorstechen. Wenn von den drei Merkmalen alle Yin oder alle Yang sind, können Sie Ihre Einschätzung darauf aufbauen. Sind zwei mehr Yin und eines eher Yang, hat die betreffende Person starke Anteile an Yin und Yang. Sie müssen dann selbst einschätzen, ob die zwei Yang-Gesichtszüge mehr Bedeutung haben als der Yin-Gesichtszug oder umgekehrt.

Die drei Zonen

Das Gesicht kann in drei separate Zonen unterteilt werden (s. unten), was bei der Gesichtsdiagnose sehr helfen kann. Wenn man die Bedeutung dieser Zonen versteht, kann man leicht und schnell den dominierenden Einfluss auf den Charakter erkennen.

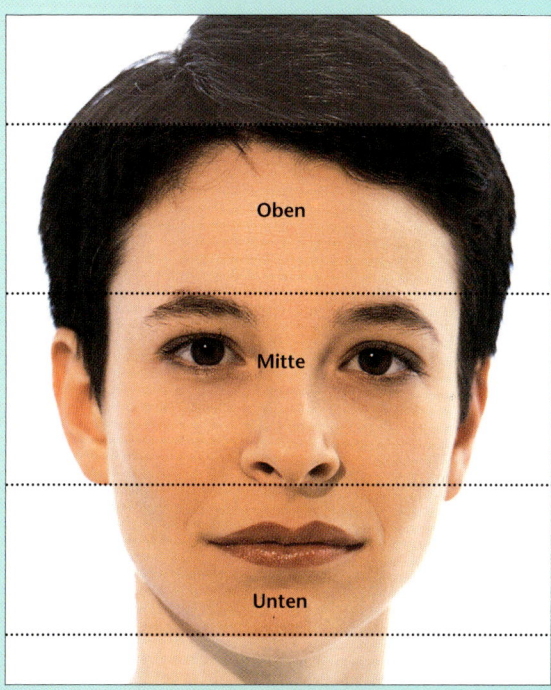

Die obere Zone repräsentiert den Intellekt und verläuft vom Haaransatz bis zu den Augenbrauen; die mittlere Zone repräsentiert die Kommunikation und verläuft von den Augenbrauen bis zur Nasenspitze; und die untere Zone repräsentiert die körperliche Veranlagung der Person und verläuft von der Nasenspitze bis zur Spitze des Kinns. Wenn alle drei Zonen gleich groß sind, geht man davon aus, dass der Mensch ausgeglichen ist. Dieser Typ der vollkommenen Proportionen eines Gesichts entspricht dem antiken griechischen Schönheitsideal. Aber hier gilt das Gleiche wie bei der Gesichtssymmetrie, die drei Teile sind selten gleich groß. Die größte Zone hat dominierenden Einfluss auf den Charakter. Eine große Stirn spricht zum Beispiel dafür, dass der Mensch intellektuell und logisch orientiert ist.

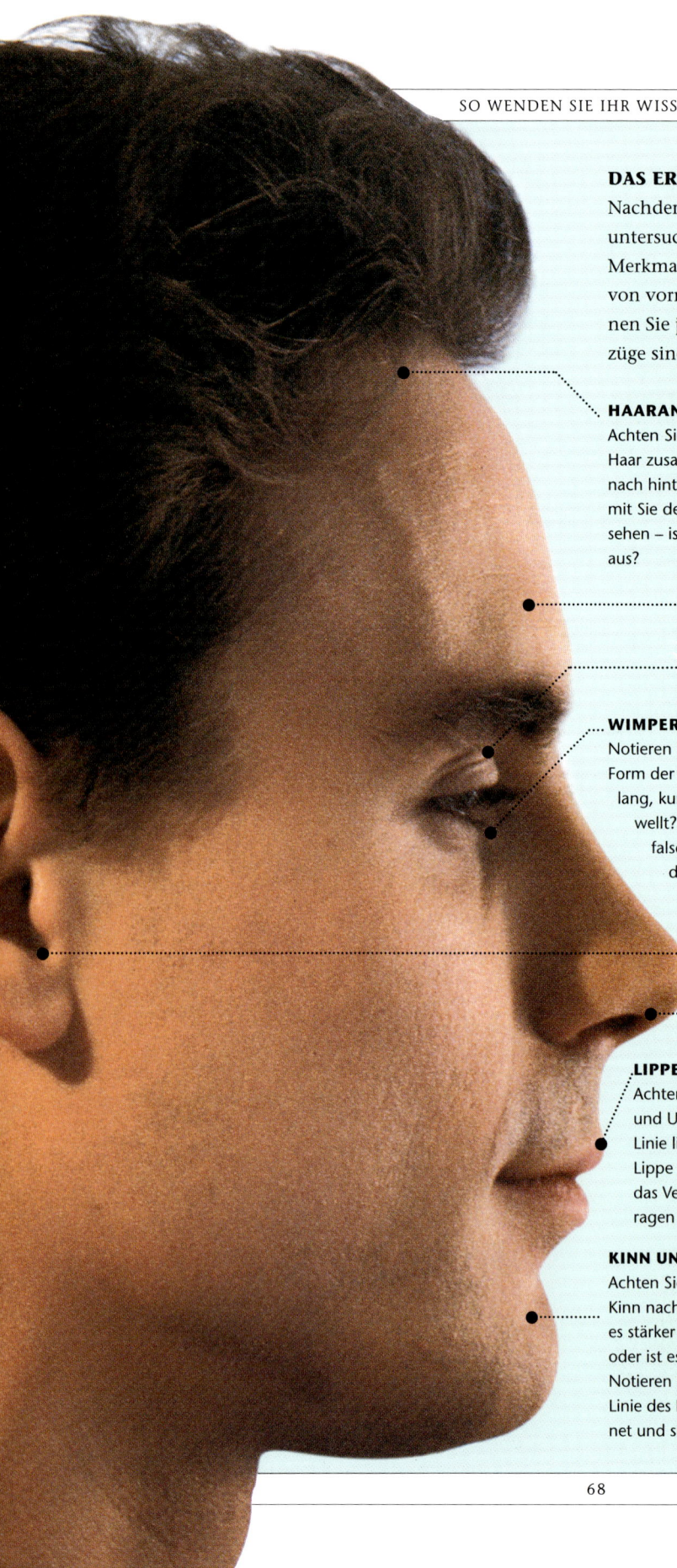

DAS ERKENNEN BESTIMMTER MERKMALE

Nachdem Sie die Grundform und Struktur des Gesichts untersucht haben, können Sie sich jetzt auf jedes einzelne Merkmal konzentrieren. Wichtig ist dabei, das Gesicht von vorn und im Profil zu betrachten, denn nur so können Sie jedes Detail erkennen. Die wichtigsten Gesichtszüge sind Nase, Mund und Augen.

HAARANSATZ

Achten Sie darauf, dass das Haar zusammengebunden oder nach hinten gekämmt ist, damit Sie den Haaransatz genau sehen – ist er voll oder dünn er aus?

STIRN

Schauen Sie sich die Stirn im Profil an und notieren Sie, wie hoch sie ist, ob sie in einem Winkel nach hinten abfällt, ob sie ganz gerade ist oder sich über den Augenbrauen wölbt.

AUGEN

Augen sind von vorn besser zu beobachten, aber aus dem Profil können Sie überprüfen, ob sie hervorstehen.

WIMPERN

Notieren Sie sich die Länge und Form der Wimpern. Sind sie lang, kurz, gerade oder gewellt? Wimperntusche oder falsche Wimpern verändern natürlich die Eigenschaften dieses Merkmals.

OHREN

Die Form der Ohren können Sie nur im Profil überprüfen. Sind sie gut ausgebildet im oberen, mittleren oder im unteren Teil; notieren Sie sich auch Form und Größe der Ohrläppchen.

NASE

Die Nase muss von vorn und im Profil untersucht werden, um einen Gesamteindruck zu erhalten – ist sie groß, klein, gerade, gewölbt oder hat sie einen Höcker? Gibt es ein Gefälle zwischen Stirn und Nasenrücken? Notieren Sie sich auch Form und Winkel der Nasenflügel.

LIPPEN

Achten Sie darauf, ob Ober- und Unterlippe in einer Linie liegen, oder ob eine Lippe vorsteht. Notieren Sie das Verhältnis zur Nase – ragen die Lippen vor?

KINN UND KIEFER

Achten Sie darauf, wie stark das Kinn nach vorn springt – steht es stärker hervor als die Lippen oder ist es ein fliehendes Kinn? Notieren Sie sich auch, ob die Linie des Kiefers scharf gezeichnet und sichtbar ist.

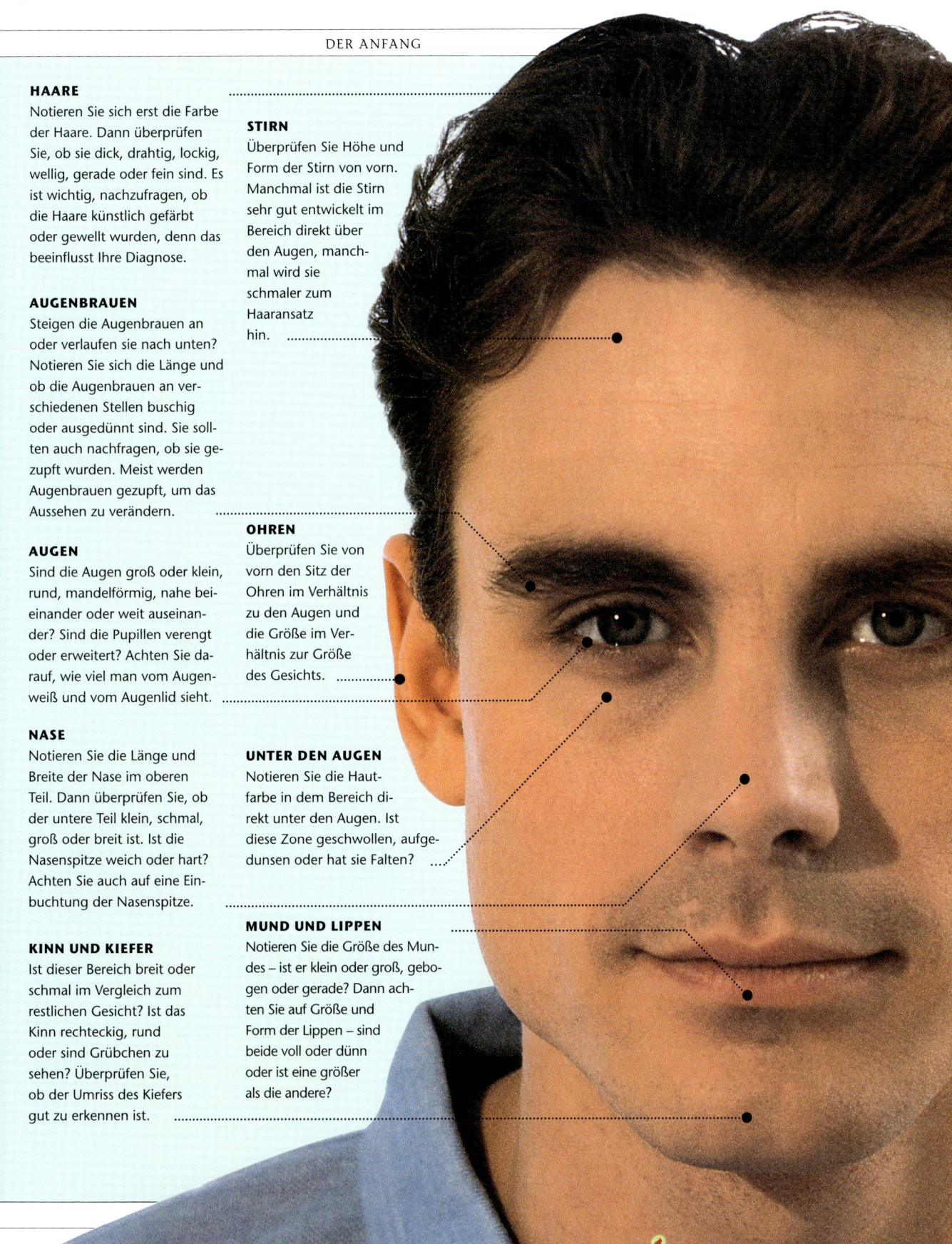

HAARE

Notieren Sie sich erst die Farbe
der Haare. Dann überprüfen
Sie, ob sie dick, drahtig, lockig,
wellig, gerade oder fein sind. Es
ist wichtig, nachzufragen, ob
die Haare künstlich gefärbt
oder gewellt wurden, denn das
beeinflusst Ihre Diagnose.

AUGENBRAUEN

Steigen die Augenbrauen an
oder verlaufen sie nach unten?
Notieren Sie sich die Länge und
ob die Augenbrauen an verschiedenen Stellen buschig
oder ausgedünnt sind. Sie sollten auch nachfragen, ob sie gezupft wurden. Meist werden
Augenbrauen gezupft, um das
Aussehen zu verändern.

AUGEN

Sind die Augen groß oder klein,
rund, mandelförmig, nahe beieinander oder weit auseinander? Sind die Pupillen verengt
oder erweitert? Achten Sie darauf, wie viel man vom Augenweiß und vom Augenlid sieht.

NASE

Notieren Sie die Länge und
Breite der Nase im oberen
Teil. Dann überprüfen Sie, ob
der untere Teil klein, schmal,
groß oder breit ist. Ist die
Nasenspitze weich oder hart?
Achten Sie auch auf eine Ein-
buchtung der Nasenspitze.

KINN UND KIEFER

Ist dieser Bereich breit oder
schmal im Vergleich zum
restlichen Gesicht? Ist das
Kinn rechteckig, rund
oder sind Grübchen zu
sehen? Überprüfen Sie,
ob der Umriss des Kiefers
gut zu erkennen ist.

STIRN

Überprüfen Sie Höhe und
Form der Stirn von vorn.
Manchmal ist die Stirn
sehr gut entwickelt im
Bereich direkt über
den Augen, manch-
mal wird sie
schmaler zum
Haaransatz
hin.

OHREN

Überprüfen Sie von
vorn den Sitz der
Ohren im Verhältnis
zu den Augen und
die Größe im Ver-
hältnis zur Größe
des Gesichts.

UNTER DEN AUGEN

Notieren Sie die Haut-
farbe in dem Bereich di-
rekt unter den Augen. Ist
diese Zone geschwollen, aufgedunsen oder hat sie Falten?

MUND UND LIPPEN

Notieren Sie die Größe des Mundes – ist er klein oder groß, gebo-
gen oder gerade? Dann achten Sie auf Größe und
Form der Lippen – sind
beide voll oder dünn
oder ist eine größer
als die andere?

Gesichtsbewegungen

Inzwischen wissen Sie, was die Form und Struktur der Gesichtszüge über das persönliche Wesen eines Menschen aussagen. Bis zu diesem Punkt wurden alle Merkmale in statischem Zustand betrachtet. Ein guter Gesichtsdiagnostiker kann aber nicht nur die Struktur der Gesichtszüge interpretieren, sondern versteht auch die Bedeutung der Gesichtsbewegungen. Um das zu lernen, muss man zuerst zwei Gesichtszüge beobachten, die sich mehr bewegen als alle anderen Teile: die Augen und der Mund.

Die Augen bewegen sich, wenn sie sich auf verschiedene Dinge oder Menschen fixieren, die Augenlider zwinkern und die Falten um die Augen herum verändern sich je nach Gesichtsausdruck. Ähnlich verhält es sich mit dem Mund – er lächelt und bewegt sich, um Wörter zu formen, und die Lippen werden je nach Stimmung geschürzt oder gespitzt.

Anfangs fällt es Ihnen sicher schwer, diese Bewegungen zu verfolgen, während Sie mit jemandem sprechen, aber mit der Zeit wird es einfacher – die rechts beschriebene Übung hilft Ihnen dabei.

Bewegung der Augen

Achten Sie genau auf die Bewegungen der Augen, während Sie mit jemandem sprechen. Ein Mensch, dessen Augen sehr schnell von einer Sache zur nächsten huschen, ist vielleicht nervös, unruhig oder ängstlich und kann sich schlecht entspannen. Er befindet sich in einem Zustand erhöhter Aufmerksamkeit, verursacht durch sozialen Druck, Angst vor der Meinung anderer oder Angst, Fehler zu machen. Es wird ihm schwer fallen, Ihnen zuzuhören, weil sein Geist zu schnell von einem Gedanken zum anderen springt. Dieses Verhalten ist sehr Yin.

Wenn Sie beobachten, dass jemand lange Zeit auf einen Punkt starrt, kann das auf Müdigkeit oder Erschöpfung beruhen, verursacht durch De-

ISOLIERTE GESICHTSZÜGE

Um zu verstehen, wie Menschen ihre Augen und ihren Mund benutzen, kann man die Gesichtszüge isoliert vom restlichen Gesicht beobachten. Probieren Sie das folgende Experiment bei einem Freund aus.

Sie nehmen zwei weiße Papierbögen, die groß genug sind, um das Gesicht des Freundes abzudecken. Aus einem Bogen schneiden Sie ein Rechteck heraus, das breit und hoch genug ist für die Augen; danach schneiden Sie in den zweiten Bogen ein Rechteck in der Größe des Mundes.

Bitten Sie Ihren Freund, den ersten Bogen vor das Gesicht zu halten, sodass man nur die Augen sieht. Jetzt unterhalten Sie sich mit ihm und notieren sich, wie sich die Augen bewegen. Zwinkern sie oft? Sind sie auf Ihre Augen gerichtet oder wan-

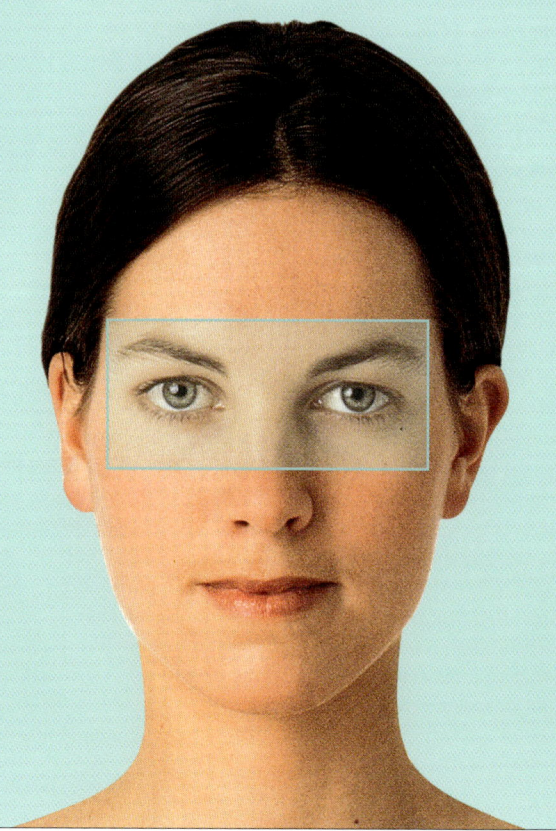

dern sie ständig im Raum umher? Sprechen Sie über Dinge, in die der Freund gefühlsmäßig involviert ist, damit sie verschiedene ausdrucksstarke Bewegungen beobachten können.

Nachdem Sie die Augen beobachtet haben, wiederholen Sie das Experiment mit dem zweiten Bogen und blicken auf die Bewegungen des Mundes. Sind die Lippen geschürzt, offen oder zucken sie?

Um brauchbare Beobachtungen zu machen, sollten Sie sich sicher sein, dass Ihr Freund entspannt ist und sich so normal wie möglich verhält. Vielleicht müssen Sie das Experiment zwei- bis dreimal wiederholen, bis Ihr Freund sich ganz normal ausdrückt. Wenn Sie die Beobachtung, dieser beiden Gesichtsbewegungen in der Isolation beherrschen, gelingt Ihnen das auch in der Öffentlichkeit.

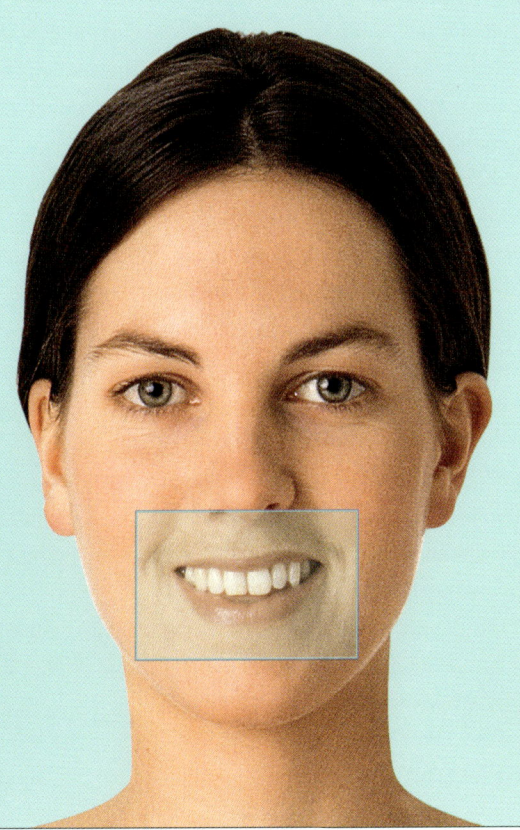

pression oder Mangel an Motivation, beides sind Yin-Gefühle.

Wenn Sie sich daran gewöhnt haben, diese zwei Gesichtszüge isoliert zu betrachten, wird es Ihnen auch bei der Gesichtsdiagnose in der Öffentlichkeit leichter fallen, die Gefühle von Menschen zu interpretieren.

Ein Mensch, der seine Augen auf Sie fixieren kann, obwohl es in der Umgebung sehr viel Ablenkung gibt, ist in einer starken Yang-Stimmung. Er kann den Augenkontakt möglicherweise für sehr lange Zeit aufrechterhalten. Ein stählerner Blick lässt auf große Konzentrationskraft schließen. Vielleicht fühlen Sie sich beim Gespräch mit dieser Person unbehaglich; sie kann sogar einschüchternd wirken.

Bewegungen des Mundes

Sie sollten auch versuchen, die Bewegungen des Mundes zu beobachten, während Sie sich mit einem Menschen unterhalten. Wenn Sie feststellen, dass die Person die Lippen schürzt, können Sie davon ausgehen, dass sie gereizt, angespannt oder zornig ist – Zeichen für zu viel Yang. Wenn Sie jetzt gerade, mit diesem Menschen eine Auseinandersetzung haben, sollten Sie die Diskussion vielleicht lieber aufschieben, um einen Streit zu vermeiden.

Um herauszufinden, ob jemand ängstlich, unsicher oder verlegen ist – alles vorrangig Yin-Züge – sollten Sie darauf achten, ob die Lippen des Betreffenden zucken oder ob er sich ständig die untere Lippe leckt oder beißt. Wenn das der Fall ist, sorgen Sie besser dafür, dass er oder sie sich entspannen kann, um später das Beste aus dem Gespräch herauszuholen.

Ein Mensch, der seinen Mund offen hält, fühlt sich vielleicht müde, geistig schläfrig oder ist erschöpft. Wenn Sie mit dieser Person zusammenarbeiten, sollten Sie ihr einige Tage lang keine schwierigen Aufgaben stellen, bis sie den Schlaf wieder aufgeholt hat.

Charaktereinschätzung

Es gibt in der Gesichtsdiagnose keine bestimmte Abfolge, Sie sollten Ihren eigenen Stil entwickeln. Meiner Ansicht nach ist es am besten, schrittweise vorzugehen.

Zuerst schauen Sie sich das Gesicht als Ganzes an, um einen Gesamteindruck zu gewinnen. Danach untersuchen Sie die einzelnen Merkmale. Ich beginne immer oben und arbeite mich dann nach unten. Fangen Sie an beim Haar – ist es dick oder dünn, gerade oder lockig? Dann gehen Sie weiter und schauen sich die Stirn an, dann die Augenbrauen und die Augen. Wenn Sie all diese Details aufgenommen haben, untersuchen Sie Nase, Wangen, Mund, Kinn und Ohren. Schließlich wenden Sie sich Details zu, wie der

Yin-Gesicht

Die drei wichtigsten Merkmale dieses Gesichts sind die Form des umgekehrten Dreiecks, weit auseinander liegende Augen und eine schmale Nase. Gesichtsform und Augen sind Yin, die Nase ist Yang, der Yin-Charakter herrscht also vor.

Gesichtsform: umgekehrtes Dreieck und feines Haar Yang-Charakter – empfindsam, kreativ und fantasievoll.

Große, hohe Stirn Ein akademischer Mensch, der intellektuelle Herausforderungen liebt. Er kann eigene Ideen entwerfen und bleibt logisch und objektiv in allen Situationen.

Augenbrauen verlaufen nach unten Durch sein sanftes und nachdenkliches Wesen ist er rücksichtsvoll gegenüber anderen. Achten Sie auf die feine, senkrechte Falte zwischen den Augenbrauen, die dafür spricht, dass er jederzeit schnell reagieren und auch ungeduldig werden kann.

Weit auseinander liegende Augen Er interessiert sich für wichtige Dinge und ist intellektuell sehr offen.

Kleine Augen Er ist genau und präzise und konzentriert sich gerne auf Details. Es kann sein, dass er anderen gegenüber schnell ein Urteil fällt und sich nur langsam hinweg öffnet.

Schmale Nase Seine Gefühle konzentriert er auf wenige Dinge in seinem Leben – nur ein, zwei Personen können emotionale Höhen oder Tiefen bei ihm auslösen.

Eingefallene Wangen Es fällt ihm schwer, seine Gefühle zu offenbaren. Bei Schwierigkeiten zieht er sich vielleicht zurück.

Dünne Lippen, kleiner Mund Er nimmt Verantwortung sehr ernst und arbeitet hart.

Bart Das ist eine Mischung aus Yin (lang) und Yang (kurz) und lässt sein Kinn stärker erscheinen. Dadurch fühlt er sich körperlich orientiert und entschlossen.

Gut entwickelte Ohren im oberen Teil Seine größten Stärken sind intellektuelle Themen.

Form des Haaransatzes, der Länge der Ohrläppchen, der Größe der Iris, irgendwelchen Falten, Grübchen und der Hautbeschaffenheit. Diese Details geben oft wichtige Informationen über den betreffenden Charakter. Dann suchen Sie die drei auffälligsten Merkmale heraus und stellen fest, ob sie eher Yin oder Yang sind (s. S. 19). Das hilft Ihnen, zu entscheiden, ob die Person eher einen Yin- oder Yang-Charakter hat. Vergessen Sie nicht die Bewegungen des Gesichts (s. S. 70–71), denn sie geben Hinweise auf die geistige Verfassung. Danach schauen Sie sich noch einmal das ganze Gesicht an und überlegen, ob Sie einige erste Eindrücke verändern müssen – aber meist ist der erste Eindruck der richtige.

Analyse von Gesichtern

Die Übung unten hilft Ihnen, Ihre Fähigkeiten zu verbessern. Bevor Sie meine Analyse lesen, sollten Sie die zwei Gesichter studieren und Ihren eigenen Eindruck über die wichtigsten persönlichen Wesenszüge aufschreiben und anschließend mit meiner detaillierten Charaktereinschätzung vergleichen.

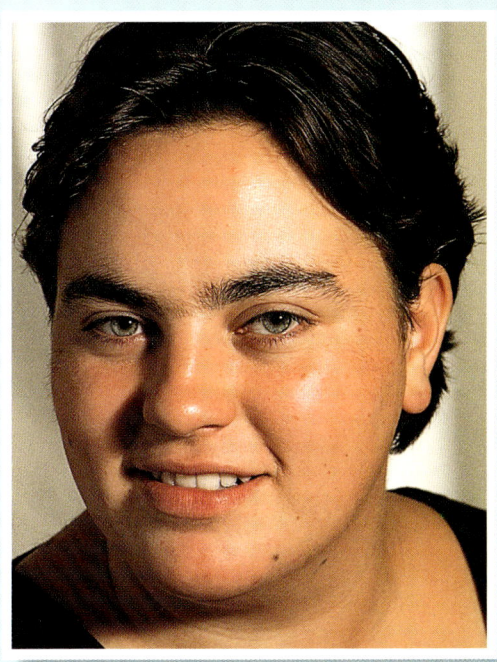

Yang-Gesicht

Die drei wichtigsten Merkmale sind die vollen Wangen, die runde Gesichtsform und die kräftigen Augenbrauen. Gesichtsform und Augenbrauen sind Yang-Merkmale, die Wangen sind Yin, das Gesicht ist also vorrangig Yang.

Runde Gesichtsform Ausgeglichenes Wesen und gesunder Menschenverstand, sehr praktisch veranlagt.

Dicke, schwarze Haare Durch ihre Vitalität und ihre Stärke ist sie fähig, für sich gerade zu stehen, wenn sie mit dominierenden Menschen konfrontiert wird.

Große, gerade Stirn Sie ist eine unabhängige Denkerin, die leicht neue und originelle Ideen entwickelt. Sie arbeitet gut allein und ist unabhängig von der Zustimmung anderer.

Kräftige Augenbrauen Sie hat Charakter und kommt im Leben voran, indem sie mit ihrer starken Persönlichkeit wichtige Türen öffnet. Das ist auch ein Zeichen für ein langes Leben – vorausgesetzt, sie lebt gesund.

Nach oben verlaufende Augenbrauen Sie ist ehrgeizig und will Dinge vorantreiben.

Kleine, yangförmige Augen Sie ist genau, präzise, konzentriert und anpassungsfähig und kann Menschen schnell durchschauen.

Breite Nase und volle Wangen Sie nimmt schnell Kontakt auf und geht lange Freundschaften ein, weil sie gerne ihre Gefühle mit anderen teilt und gut zuhören kann. In gefühlsintensiven Zeiten kann sie die Objektivität verlieren.

Großer Mund Sie vergnügt sich gerne und liebt Spaß. Das heißt, sie wird Schwierigkeiten mit Humor begegnen.

Starker Kiefer Sie ist entschlossen und kann lange Zeit auf ihre Lebensziele hinarbeiten.

Gut entwickelte Ohren im unteren Teil Sie ist praktisch veranlagt und setzt ihre Ideen um.

Beziehungen

Die Gesichtsdiagnose kann Ihnen helfen, einen Partner zu finden und ihn zu beurteilen. Aber es ist natürlich viel schöner, der Liebe ihren Lauf zu lassen, als die Wahl des Partners nur auf Grund der Gesichtszüge vorzunehmen. Anschließend kann die Gesichtsdiagnose Ihnen helfen, die Beziehung aufzubauen und aufrechtzuerhalten.

Die Gesichtsdiagnose kann sehr wertvoll sein, um eine Beziehung zu beginnen und sie aufrechtzuerhalten: die Selbsterkenntnis hilft, den richtigen Partner zu finden. Später können Sie das Gesicht Ihres Partners lesen und sensibel auf seine Bedürfnisse reagieren und mögliche Probleme konstruktiv verarbeiten.

Wenn Sie noch keine Partnerschaft haben, können Sie durch die Diagnose des eigenen Gesichts eine neue Liebe finden. Da sich das persönliche Wesen im Gesicht widerspiegelt, können Sie lernen, Ihre guten Qualitäten hervorzuheben, wenn Sie neue Menschen kennen lernen. Dafür müssen Sie vorher die Charaktereigenschaften aufschreiben, die Ihrer Ansicht nach am wichtigsten sind für den potenziellen Partner.

Wenn Ihnen das schwer fällt, fragen Sie Ihre Freunde, was denen am besten an Ihnen gefällt. Danach überlegen Sie, welche Teile ihres Gesichts zu diesen Charakterzügen gehören. Die Fähigkeit, offen zu sein und auf Menschen zugehen zu können, steht in Beziehung zu großen Augen – versuchen Sie Augenkontakt zu halten mit der Person, die Sie interessiert, als Frau können Sie die Größe Ihrer Augen durch Make-up betonen. Wenn anderen Menschen Ihr Sinn für Humor und Ihre Unbeschwertheit gefallen, steht dies in Zusammenhang mit vollen Lippen, also machen Sie das Beste daraus. Durch Ihre Gestik, durch Berührung oder Lächeln können Sie die Aufmerksamkeit auf Ihre Lippen lenken.

Durch die Gesichtsdiagnose erkennen Sie auch, ob der potenzielle Partner die gewünschten Eigenschaften hat und wie Sie selbst am besten gefallen können. Dafür müssen Sie die Wesenszüge aufschreiben, die Sie anziehen und dann in diesem Buch nachschlagen, welche Gesichtszüge diesen entsprechen. Dann stellen Sie sich das Bild der Person vor, die Ihr idealer Partner wäre. Suchen Sie vielleicht nach einem zuverlässigen und verantwortungsbewussten Menschen? Wenn ja, sollten Sie nach jemand mit Yang-Zügen wie kleinen Augen und dünnen Lippen Ausschau halten.

Die Gesichtsdiagnose hilft auch, die wirksamste Strategie für die Konfliktlösung in der Partnerschaft zu finden (s. S. 82–83). Wenn die Gesichtszüge des Partners zeigen, dass er oder sie sehr empfindsam ist und Auseinandersetzungen scheut, sollten Sie verhindern, dass sich über längere Zeit Groll aufbaut und ein Streit ausbricht. Durch die Interpretation der Gesichtszüge Ihres Partners erkennen Sie auch kurzfristige Stimmungen besser. Das Schürzen der Lippen oder eine tiefe Falte zwischen den Augenbrauen signalisiert, dass er oder sie zu sehr Yang ist und dass Sie Diskussionen über bestimmte Probleme in diesem Moment vermeiden sollten. Wenn Ihr Partner sich nicht gut ausdrücken kann, hilft Ihnen die Gesichtsdiagnose, herauszufinden, in welcher Stimmung er oder sie gerade ist. Wenn Sie wissen, wann Ihr Partner depressiv, traurig, gereizt, aufgebracht oder frustriert ist, können sie ihm oder ihr taktvoll helfen, darüber zu sprechen oder zumindest entsprechend darauf zu reagieren.

Ideale Schönheit

Allgemein geht man davon aus, dass gut aussehende und attraktive Menschen symmetrische Gesichter haben. Obwohl ein Gesicht niemals ganz symmetrisch ist (s. S. 20–21), zeigt die genaue Untersuchung, dass einige bedeutend symmetrischer als andere und dadurch oft sehr anziehend sind. Traditionell wurden die Yin-Gesichtszüge einer Frau als Zeichen der Schönheit angesehen – große Augen, volle Lippen und ein langer Nacken. Umgekehrt hat ein stattlicher Mann meist Yang-Züge – tief liegende Augen, einen breiten, gut gezeichneten Kiefer und ein eckig geformtes Gesicht. Aber auch die gleichmäßigen Proportionen eines Gesichts sind wichtig. Wenn alle drei Zonen (s. S. 67) gleich groß sind, spricht das für einen ausgeglichenen Charakter, der praktische, emotionale und intellektuelle Beschäftigungen gleichermaßen liebt.

Viele Menschen stellen jedoch fest, dass sie ein Gesicht lieben, das die Wesenszüge von jemandem reflektiert, den sie bewundern und respektieren. Das steht vielleicht im Kontrast zu allen Schönheitsidealen, sehr oft haben aber gerade Menschen mit einer starken Persönlichkeit Gesichter mit vielen interessanten Charakteristika.

Erkennen Sie die Wesenszüge Ihres Partners

Jeder sucht unterschiedliche Qualitäten bei seinem Partner – manche mögen Großzügigkeit, andere brauchen Engagement. Die folgenden Wesenszüge werden am meisten geschätzt. Wenn Sie wissen, mit welchen Gesichtszügen die Wesenszüge in Verbindung stehen, können Sie die Beziehung zu Ihrem Partner verbessern.

Humorvoll

Wenn Sie einen Partner suchen, der sich gerne vergnügt, halten Sie Ausschau nach jemand mit einem großen Mund und vollen Lippen. Weit auseinander liegende Augen zeigen die Offenheit, mit der neue und aufregende Gelegenheiten wahrgenommen werden. So ein Mensch ist vorrangig Yin, im Extremfall kann er oder sie zu viel Energie fürs Vergnügen aufwenden und wichtige Verantwortung ignorieren. Wenn Ihr Partner in diese Richtung tendiert, sollten Sie ihn ermuntern, mehr Yang-Nahrung zu sich zu nehmen, sich körperlich zu bewegen und eine strukturierte Lebensweise zu führen, damit das Gleichgewicht wiederhergestellt wird.

Umgekehrt hat ein ernster Mensch eher schmale Lippen, einen kleinen Mund und eingefallene Wangen. All dies sind Zeichen für viel Yang. Wenn Ihr Partner diese Züge hat und sich schlecht entspannen oder vergnügen kann, sollten Sie mehr Gemüse, Früchte und Salate anbieten. Das ist Yin-Nahrung und verhindert, dass er oder sie zu sehr Yang, d. h. angespannt, gereizt und frustriert wird.

Verträglichkeit von Paaren

Das Zusammensein mit dem anderen genießen und zusammen Spaß zu haben sind zwei wichtige Aspekte einer Partnerschaft. Wenn Sie jemand suchen, der gerne Spaß macht, halten Sie Ausschau nach einem großen Mund, aufgeworfenen Lippen und großen, weit auseinander liegenden Augen. Eine Beziehung mit dieser Person wird voller spontaner Aktivitäten sein, wobei Bindung und Verantwortungsgefühl zu kurz kommen könnten.

Großzügig

Wenn Sie einen großzügigen Partner suchen, halten Sie Ausschau nach einer knolligen Nase oder einer gerundeten Nasenspitze, einem großen Mund und vollen Wangen. Eine rötliche Färbung des Gesichts kann ein Hinweis auf das großzügige Wesen sein. Jemand mit diesen Gesichtszügen kann sehr liebevoll, herzlich und emotional sein und sich sehr für die Probleme anderer interessieren.

Im Extremfall kann solch ein Mensch zu emotional werden und die Objektivität verlieren. Das sind Zeichen für zu viel Yin, sie können durch etwas zu viel Alkohol ausgelöst werden. Mehr Yang-Nahrung, wie Wurzelgemüse, Getreide und Fisch oder energetische Yang-Aktivitäten wie Joggen oder Tennis können das Yang erhöhen und zu mehr Selbstdisziplin führen.

Extrovertiert

Wenn Sie sich Ihren Idealpartner extrovertiert vorstellen, dann sollten Sie nach jemand mit Yang-Gesichtszügen Ausschau halten – wache Augen, ein sich schnell verändernder Gesichtsausdruck und eine nach hinten verlaufende Stirn. Obwohl das Zusammensein mit solchen Menschen sehr spaßig und aufregend sein kann, können sie bei gewissen Gelegenheiten extrem oder unkontrolliert reagieren. Wenn das der Fall ist, sollten Sie Ihren Partner auffordern, mehr Yin-Aktivitäten auszuüben wie Meditation, Yoga oder Tai Chi – das wird ihm oder ihr helfen, innere Ruhe und ein ausgeglicheneres soziales Verhalten zu entwickeln.

Introvertierte Menschen vermeiden meist Augenkontakt, werden leicht rot und zwinkern oft. Wenn das auf Ihren Partner zutrifft, hat er oder sie wahrscheinlich Yin-Gesichtszüge – großer Mund, kleine Nase und große Augen. Es wird Ihrem Partner leichter fallen, nach außen zu gehen, wenn er auf extreme Yin-Nahrung wie Zuckerprodukte verzichtet. Zusammen können Sie Sportarten betreiben, die das Nervensystem schärfen, etwa Tennis oder Squash.

Sinnlich

Große Ohren, gut entwickelte Ohrläppchen und eine auffallende untere Gesichtszone sind Zeichen für den starken sexuellen Trieb eines Menschen. Eine Frau mit einem großen Mund und vollen Lippen ist meist genussorientiert und wird regelmäßigen Geschlechtsverkehr lieben. Der starke Kiefer und eine lange Nase bei einem Mann lassen vermuten, dass er lange durchhält im Bett.

Wenn Sie in der Liebe gerne passiver sind, suchen Sie sich einen Partner mit kurzen, nach oben verlaufenden Augenbrauen und einer senkrechten Falte dazwischen. Wenn Sie gerne selbst dominieren, hat ihr idealer Liebhaber einen Yin-Charakter – nach unten verlaufende Augenbrauen und große Augen. Dieser Mensch wird sehr passiv und empfangend sein in der körperlichen Liebe.

Bindungstreu

Braucht Ihr Partner sehr lange, bis er sich entscheidet, mit Ihnen eine Bindung einzugehen? Hat er oder sie Yang-Gesichtszüge – ein rechteckiges Gesicht, kleine, eng beieinander liegende Augen und einen starken Kiefer? Keine Sorge, die einmal eingegangene Bindung wird nicht so schnell gelöst werden. Sie können diesen Menschen auch bestärken, indem Sie sehr offen und ehrlich sind und ihm oder ihr sehr viel Zeit lassen für die Entscheidung. Wenn Sie ihn drängen oder ihm ein Ultimatum stellen, werden Sie sehr wahrscheinlich enttäuscht werden.

Im Kontrast dazu wird ein Mensch mit vollen Wangen, einer großen Nase und großen Augen keine Schwierigkeiten haben, schnell eine feste Beziehung einzugehen, vor allem wenn er oder sie sich emotional gut aufgehoben fühlt. Wenn Ihr Partner diese Yin-Züge hat, ist es gut, sich zu vergewissern, ob er oder sie sich ganz sicher ist, bevor die Beziehung beginnt. Damit die Beziehung auch wirklich stabil ist, sollte er oder sie sich ganz bewusst die langfristigen Konsequenzen vorstellen.

Empfindsam

Gegenseitiges Verständnis, Sympathie und Zärtlichkeit sind zentraler Bestandteil vieler erfolgreicher Partnerschaften; wenn diese Charakteristika auch für Sie wichtig sind, suchen Sie nach jemand, der große Augen, lange, nach unten verlaufende Augenbrauen und ein rundliches Gesicht hat – dieser Mensch wird sehr sanft und umsorgend sein und auf Ihre Bedürfnisse eingehen. Andere Merkmale sind häufiges Zwinkern und Rotwerden. Vergessen Sie aber nicht, dass die betreffende Person sich Kritik sehr zu Herzen nimmt. Sie wird aber nicht sofort reagieren, sondern langsam Groll aufbauen. Dieser Menschentyp kann Krisen in der Beziehung durchstehen, aber wird das Verhältnis eher abbrechen, als sehr viel Energie zur Rettung aufzubringen.

Wenn Ihr Partner überempfindlich ist, können kritische oder negative Kommentare das Selbstbewusstsein zerstören, bis er oder sie in Depressionen verfällt. Es ist deshalb wichtig, dass Sie viel Enthusiasmus und positive Gedanken in diese Beziehung einbringen.

Unabhängig

Eine große, gerade Stirn lässt einen Denker vermuten, der Dinge gerne alleine durchführt. Aber auch jemand, der extrem Yin oder Yang ist, kann sehr einzelgängerisch werden. Wenn Ihr Partner eng beieinander liegende Augen, dünne Lippen und eingefallene Wangen hat, also ziemlich Yang ist, wird er gerne allein ausgehen. Im Gegensatz dazu kann jemand mit großen, weit auseinander liegenden Augen, einem großen Mund und hohen Wangenknochen, also jemand, der ziemlich Yin ist, lange Zeit von kreativen Tätigkeiten in Anspruch genommen werden.

Damit Ihr Partner wieder gesellig und zugänglich wird, versuchen Sie seinen oder ihren Lebensstil so zu mäßigen, dass die Gefühle ausgeglichener werden. Ein starker Yang-Typ wird durch Alkoholkonsum noch mehr Yang. Eine Yin-Ernährung mit viel frischem Obst und Flüssigkeit über einen längeren Zeitraum hinweg kann helfen. Ein Mensch mit viel Yin kann geselliger werden durch eine Yang-Ernährung, durch Sport und durch Veranstaltungen, bei denen man zwischenmenschlich agieren muss.

Kommunikativ

Ein kommunikativer Mensch hat meist eine Stirn, die nach hinten verläuft. Er spricht gern und teilt seine Gefühle mit anderen, vor allem, wenn er oder sie auch volle Wangen hat. Es wird einfach sein, mit diesem Menschen eine gute Beziehung aufzubauen, denn alle Gefühle werden sofort diskutiert.

Wenn Ihr Partner eine große Stirn hat, werden Sie feststellen, dass er oder sie gerne über intellektuelle Themen diskutiert und stimulierende Gespräche liebt. Wenn er aber eine tiefe, vertikale Falte zwischen den Augenbrauen hat, wird er eine klare Kommunikation vorziehen – ein direkter, schonungsloser Ansatz zur Diskussion ist am besten.

Im Kontrast dazu wird ein Mensch mit eingefallenen Wangen sich zurückziehen und manchmal ungesprächig werden. In diesem Fall sollten Sie ihm oder ihr Zeit zum Entspannen geben und eine Ernährung mit viel Obst und Gemüse empfehlen; ein bisschen Alkohol kann entspannen, sodass aufgestaute Gefühle ausgedrückt werden können.

Tolerant

Nach unten verlaufende Augenbrauen und große, weit auseinander liegende Augen sind die Gesichtszüge, an die Sie sich halten müssen, wenn Sie einen toleranten und offenen Partner suchen. Jemand mit diesen Gesichtszügen wird die Unterschiede von Mensch zu Mensch akzeptieren. Wenn er oder sie außerdem eine große Stirn hat, besteht sogar das Bedürfnis, Menschen mit anderen Ansichten und Glaubensvorstellungen kennen zu lernen.

Menschen, die leicht intolerant werden, haben oft eine senkrechte Falte zwischen den Augenbrauen, die meist kurz sind und nach oben verlaufen. Sie werden schnell ungeduldig und akzeptieren ungern die Meinung anderer. Im Extremfall sind sie sehr eindringlich und wehren sich sofort. Wenn Sie solch einen Partner haben, haben Sie sicher bemerkt, dass er nicht toleriert, wenn ihm jemand in den Weg kommt und ihn von einem Vorhaben abhält.

Romantisch

Wenn Sie Zärtlichkeit suchen, schöne gemeinsame Abendessen und Romantik lieben, sollten Sie Ausschau halten nach einem Menschen mit Augenbrauen, die nach unten verlaufen, mit großen Augen und einer gut entwickelten oberen Zone in Gesicht oder Ohr. Diese Merkmale sprechen meist dafür, dass derjenige sanft ist und gerne fantasievolle Rendezvous plant. Im Extremfall kann dieser hoffnungslose Romantiker träumerisch werden und den Sinn für die Wirklichkeit verlieren.

Wenn Ihr Partner diese Merkmale hat und oft nach oben schaut, können Sie annehmen, dass er oder sie durch romantische Ideale motiviert wird, es ist deshalb wichtig, die Beziehung auch romantisch zu gestalten. Auch volle Lippen sprechen für einen Menschen, der gern im Sturm erobert wird, aber die Romantik spricht hier eher die sinnlichen Bereiche an.

Gesichtsformen, die zusammenpassen

Anhand der Gesichtsform kann man sehen, wie gut zwei Menschen zusammenpassen. Ich habe hier die gebräuchlichsten Gesichtsformen – rund, eckig und oval – in einem Schaubild zusammengestellt. Es wird Ihnen helfen, die potenziellen Stärken und Schwächen in Ihrer Beziehung herauszufinden. Für dieses Schaubild sollten Sie zuerst die Gesichtsformen von Ihnen selbst und von Ihrem Partner bestimmen. Danach schauen Sie im entsprechenden Teil des Schaubildes nach, um zu lesen, wie Sie sich am besten Ihrem Partner gegenüber verhalten sollten.

RUNDES GESICHT MANN + RUNDES GESICHT FRAU

Dieses Paar wird sich emotional sehr gut verstehen und immer wissen, wie der Partner sich gerade fühlt. Deshalb haben Menschen mit runden Gesichtern meist sehr starke und innige Beziehungen mit tiefen Gefühlen für den anderen. Manchmal lassen sie sich jedoch zu sehr in den Gefühlen fangen und durch die Laune des Partners beeinflussen

RUNDES GESICHT MANN + ECKIGES GESICHT FRAU

Er liebt Stabilität und Kontinuität im Leben und profitiert von ihrem gut organisierten und strukturierten Lebensansatz. Vielleicht wünscht er sich jedoch mehr emotionalen Beistand von ihr und vermisst die Innigkeit. Sie wird seine emotionale Unterstützung schätzen. Obwohl sie seine spontane Natur sicher aufregend findet, wird sie manchmal von seiner mangelnden Planung und Organisation genervt sein, vor allem, wenn etwas schief geht.

RUNDES GESICHT MANN + OVALES GESICHT FRAU

Er findet sie stimulierend und kreativ. Als ein Paar werden beide sehr nett zueinander sein. Sie wird sich bei ihm wohl fühlen auf Grund seiner emotionalen Unterstützung und seines umsorgenden Wesens. Manchmal wird er das Gefühl haben, dass sie sehr weit weg ist, und emotionale Wärme vermissen, während sie sich etwas mehr Romantik in der Beziehung wünscht.

ECKIGES GESICHT MANN + ECKIGES GESICHT FRAU

Diese Kombination funktioniert gut, denn beide sind praktisch veranlagt und erledigen Dinge sofort. Deshalb können sie zusammen das Erreichte genießen, etwa einen Hausbau oder die Berufskarriere. Obwohl sie sich gut verstehen und das Streben des anderen nachvollziehen können, kann es in der Beziehung manchmal an Romantik und Innigkeit fehlen.

ECKIGES GESICHT MANN + RUNDES GESICHT FRAU

Diese Kombination ergibt eine stabile Beziehung, obwohl es an Spontanität und Aufregung fehlt. Sie wird der mütterliche und emotional umsorgende Teil sein, während er die Sache in die Hand nimmt und praktische Probleme löst. Dadurch fühlt sie sich sicher und wird ihn dafür spüren lassen, dass sie ihn liebt und ihm durch emotionale Tiefen helfen.

ECKIGES GESICHT MANN + OVALES GESICHT FRAU

In dieser Kombination ziehen sich die Gegensätze an. Sie wird sich bei ihm sicher fühlen auf Grund seiner verantwortlichen Haltung, Zuverlässigkeit und Kompetenz, mit der er Probleme angeht. Er wird die vergleichsweise zarte Natur seiner Partnerin genießen, da sie ihm das Gefühl gibt, geschätzt und gebraucht zu werden. Auf Grund der Unterschiede besteht allerdings die Gefahr, dass es manchmal schwierig sein wird, sich nahe zu kommen.

OVALES GESICHT MANN + OVALES GESICHT FRAU

Dieses Paar wird gemeinsame Interessen teilen und gut miteinander auskommen. Beide haben ein sanftes und nettes Wesen und genießen stimulierende Gespräche. Auf Grund der Ähnlichkeit halten sich beide zurück, wenn es darum geht, Entscheidungen zu treffen. Es könnte auch an Leidenschaft fehlen.

OVALES GESICHT MANN + RUNDES GESICHT FRAU

Diese Kombination könnte zur Mutter-Sohn-Beziehung ausarten, in der sie ihn emotional umsorgt und er der annehmende Teil ist. Das kann lustig und humorvoll sein, solange sie nicht Verantwortung für alles übernimmt. Wenn sie Kinder haben, muss er im Haushalt mithelfen, sonst wird es für sie sehr ermüdend und erschöpfend.

OVALES GESICHT MANN + ECKIGES GESICHT FRAU

Dieses Paar könnte eine Vater-Tochter-Beziehung leben, die sehr gut funktionieren kann, wenn es einen ziemlichen Altersunterschied gibt. Er wird auf sie beruhigend wirken und ihr Sicherheit geben, sodass sie ihre Fantasien ausleben kann. Er wird ihre jugendliche und verspielte Art lieben. Diese Beziehung wird einer Prüfung unterworfen, wenn einer von beiden eine neue Rolle spielen möchte.

Der Beginn einer neuen Beziehung

Sind Ihre Beziehungen meistens zu Beginn gut, scheitern dann aber nach wenigen Wochen? Wenn das so ist, ärgern Sie sich nicht, diese Informationen helfen Ihnen beim nächsten Mal, herauszufinden, ob jemand sich von Ihnen angezogen fühlt, und zeigen Ihnen, wie Sie die richtigen Signale geben können, um die neue Beziehung gut zu beginnen.

Beobachten Sie die Augen

Die beste Art festzustellen, ob jemand an Ihnen interessiert ist, ist das Beobachten der Augen. Augenkontakt schafft eine starke Verbindung zwischen Ihnen und Ihrem potenziellen Partner. Ihre Fähigkeit, diesen Augenkontakt zu beginnen und aufrechtzuerhalten, signalisiert der anderen Person, dass Sie interessiert sind. Beim ersten Kontakt können Sie dies lustig und spielerisch gestalten – versuchen Sie, den Augenkontakt herzustellen und dann wegzuschauen, den Blick lange Zeit zu halten oder mit den Augenlidern zu flattern. Ein Mensch, der den Augenkontakt

halten kann, ist ziemlich Yang, wer den Blick unterbricht, tendiert zu Yin.

Verstärktes Zwinkern signalisiert Ihnen, dass Interesse besteht. Achten Sie auch darauf, ob er oder sie rot wird, danach beobachten Sie die Größe der Iris; eine erweiterte Iris spricht für die sexuelle Erregung der betreffenden Person.

Beim ersten Kennenlernen können die Augen einiges über Flirt-Techniken aussagen. Ein Mensch mit großen Augen flirtet sanft und spielerisch, während jemand mit kleinen Augen direkter sein wird. Achten Sie auch auf die Augenbrauen – ein Mensch mit kurzen, nach oben verlaufenden Augenbrauen und einer vertikalen Falte dazwischen zieht es vor, selbst die Initiative zu ergreifen, seien Sie also nicht vorschnell.

Beobachten Sie den Mund

Der Mund kann einiges über die Absichten verraten. Ein entspannter Mund zeigt, dass der Mensch gerne mit Ihnen zusammen ist. Wenn jemand sexuell erregt

KÖRPERSPRACHE

Um herauszufinden, ob sich jemand für Sie interessiert, ist die Beobachtung der Körpersprache genauso wichtig wie die des Gesichtes *(oben)*.

Schauen Sie sich dieses Paar an: Beim ersten Zusammentreffen *(rechts)* sind beide sehr zurückhaltend, fast schon abweisend – das zeigen die eng übereinander geschlagenen Beine und die verschränkten Arme. Aber es gibt ein gegenseitiges Interesse, denn beide haben Augenkontakt.

Beim Plaudern fühlen sie sich offensichtlich voneinander angezogen und kommen sich näher *(ganz rechts)*. Achten Sie darauf, wie Sie sich einander zuwenden, sich anlächeln, direkter in die Augen schauen und enger beieinander sitzen.

ist, werden die Lippen dunkler und können leicht anschwellen. Wenn Sie zusammen essen gehen, achten Sie darauf, wie der andere isst. Das kann Ihnen verraten, wie sich jemand sexuell verhält. Jemand, der schnell und zielbewusst isst, wird auch im Bett sehr direkt und schnell erregt sein, während jemand, der seine Mahlzeit genießt, sich sehr um die Qualität des sexuellen Erlebnisses bemühen wird. Ein langsamer Esser oder jemand, der nur im Essen herumstochert, wird für die sexuelle Erregung länger brauchen, wird aber auch das Ereignis länger dauern lassen. Ein genießender Esser wird auch in der Liebe sehr gewandt sein, während jemand, der herzhaft isst oder sogar ein bisschen mansch, in der Liebe leidenschaftlich und abenteuerlich sein kann.

Um herauszufinden, wie Ihre Verehrer eine Beziehung beginnen, müssen Sie herausfinden, ob er oder sie vorrangig Yin oder Yang ist *(s. S. 18–19)*. Ein Yin-Mensch wird Sie erst einmal über längere Zeit kennen lernen wollen, bevor er seiner Sache sicher ist. Eine Ausnahme wäre jemand, der schon viele Beziehungen vorher hatte und mit diesen Erfahrungen vertraut ist. Ein Yang-Mensch wird dagegen sehr schnell und entschieden eine neue Beziehung beginnen.

Haar und Sexualität

Wenn Sie Ihre Haare verändern, verändern Sie auch Ihre ganze Erscheinung und wirken vielleicht auf Ihren Traumpartner noch attraktiver.

In jeder Zeitepoche wurde dickes, gesundes Haar als attraktiv angesehen. In der Geschichte galten Männer mit viel Haar – etwa Samson – als Inbegriff von Kraft und Männlichkeit. Bei Frauen symbolisierte langes Haar die weibliche Sexualität. Heute tragen Frauen oft kurze Haare oder einen Pagenkopf und symbolisieren damit Modernität und eine sexy Ausstrahlung. Dagegen bevorzugen Frauen häufig glatzköpfige Männer, vielleicht, weil sie den Ruf haben, besonders viel von dem männlichen Sexualhormon Testosteron zu besitzen.

Die Art, wie Sie die Haare tragen, kann viel über Ihren Charakter aussagen. Wenn Sie lange Haare besitzen und sie offen tragen, spricht das für viel Yin, also für Kreativität, Fantasie und Gefühle. Männer müssen die Haare locker und lang tragen, um Yin zu erscheinen. Kurze Haare, eine sehr ordentliche Frisur oder zusammengebundene Haare wirken sehr Yang und lassen sie körperlich orientierter, wach und intellektuell erscheinen.

Überwinden von Beziehungsproblemen

Das Konzept von Yin und Yang kann Ihnen helfen, viele Schwierigkeiten in der Partnerschaft zu überwinden. In dieser Übersicht sehen Sie, wie man die häufigsten Probleme in einer Beziehung lösen kann – das heißt, wie man mit Themen wie Geld, Familie, Bindung,

Sexualität, Hausarbeit und Eifersucht umgehen sollte. Es ist Teil der menschlichen Natur, in bestimmten Verhaltensmustern stecken zu bleiben und immer wieder mit der gleichen Methode die unterschiedlichsten Probleme bewältigen zu wollen.

	YANG-MANN + YANG-FRAU	YANG-MANN + YIN-FRAU
GELD	Beide Partner möchten gerne die Finanzen kontrollieren und sehen es nicht gerne, wenn der andere das Ruder in die Hand nimmt. Um Auseinandersetzungen zu vermeiden, sollten beide einen eigen Zugang zu ihrem Geld haben. Beide müssen der Versuchung widerstehen, sich einzumischen oder ungefragte Ratschläge in Bezug auf Geldausgaben zu geben.	Er übernimmt meist die finanzielle Verantwortung und schließt die Partnerin aus wichtigen Entscheidungen aus. Das muss kein Problem sein, da es ihr wahrscheinlich lieber ist, wenn er sich um die Geldangelegenheiten kümmert. In diesem Fall sollte er diese Machtposition aber mit Respekt ausüben und auf ihre Ratschläge hören. Wenn er zu dominant wird, kann es zu Streit kommen.
FAMILIE	Hier ist es wichtig, dass beide Verständnis aufbringen für die Familienangelegenheiten des anderen. Aber es ist auch wichtig, dass beide ihren Familien nicht zu viel Einfluss auf die Beziehung zugestehen.	Es wird ihr schwer fallen, Nein zu sagen, wenn seine Familie zu aufdringlich wird. Wenn das so ist, muss er sie davor schützen. Um Konfrontationen mit ihrem Partner zu vermeiden, muss sie sich durchsetzen, wenn sich ihre eigene Familie einmischt. Wenn sie sich bei ihrem Partner über ihre Familie beschwert, wird er eingreifen und vielleicht weitere Verstimmungen hervorrufen.
BINDUNG	Jeder wird Treue und Verbindlichkeit vom Partner erwarten. Es wird jedoch keiner bereit sein, sich auf eine feste Bindung einzulassen, wenn er und sie nicht den nötigen Respekt für den anderen entwickelt hat. Bei diesem Paar sollte jeder den anderen so behandeln, wie er selbst behandelt werden möchte.	Eine Bindung einzugehen ist für sie ganz natürlich, sie wird unsicher werden, wenn er zu lange zögert. Er wird die Sache sehr ernst nehmen und wissen, ob und wann er sich entscheiden wird. Das entmutigt sie vielleicht so sehr, dass sie das Interesse an der Beziehung verliert. Beide müssen eine gemeinsame Basis finden und diese Anfangsphase zeitlich begrenzen.
SEXUALITÄT	Dieses Paar genießt ein aktives und dynamisches Sexualleben. Es besteht allerdings die Gefahr, dass beide denken, der andere sei nicht fantasievoll und spielerisch genug, um sich persönlichen Fantasien hinzugeben. Es könnte hilfreich sein, anhand von Büchern oder anderen Medien Inspiration zu suchen, um das Sexualleben zu stimulieren.	Er wird den physischen Teil des Sexes genießen und meist den Anfang machen. Sie muss im Gegensatz dazu in der richtigen Stimmung sein – ein romantisches Vorspiel ist wichtig für sie. Auf Grund ihrer Unterschiede werden sie mehrere Möglichkeiten in der Liebe ausprobieren müssen, um das Sexualleben für beide befriedigend zu gestalten.
HAUSHALT	Beide haben genaue Vorstellungen darüber, wie sie am besten ihre Umgebung gestalten, das könnte also ein Spannungsherd sein. Es könnten kleinliche Argumente vorgebracht werden, wenn beide versuchen, dominant zu bleiben. Es ist wichtig, zu Beginn der Beziehung bestimmte Regeln aufzustellen, um eine Auseinandersetzung über den Haushalt später zu vermeiden.	Er wird wahrscheinlich bestimmen, wie das Haus aussehen soll und sich beschweren, wenn das nicht eingehalten wird. Im Kontrast dazu ist sie sehr entspannt in Bezug auf den Haushalt und wird sich nicht sehr bemühen, seine Anforderungen zu erfüllen. Beide Partner müssen einen Kompromiss finden, um jeglichen Streit darüber zu vermeiden.
EIFERSUCHT	Falls in dieser Beziehung ein Grund für Eifersucht auftaucht, besteht das Risiko, dass beide Partner hochgehen. Der eifersüchtige Partner kann angriffslustig und aggressiv sein, der andere wird sich verteidigen und zurückgeben. Bei diesem Paar ist es wichtig, den richtigen Moment zu finden, um über das Problem ruhig zu diskutieren, anstatt zu heftig zu reagieren.	Er könnte angriffslustig und aggressiv werden, wenn er eifersüchtig ist. Sie wird andererseits verletzt sein und unsicher werden. Er sollte versuchen, ruhig zu bleiben und für ein Gespräch offen zu sein, während sie lernen muss, ihre Gefühle auszudrücken, damit sie nicht langfristigen Groll entwickelt.

Wir gehen einfach davon aus, dass wir nur beharrlich sein müssen, um letztendlich damit Erfolg zu haben. Leider verschlimmert dieser Ansatz nur die Situation. Hier können Sie neue Strategien für Auseinandersetzungen in schwierigen Zeiten finden.

Zuerst müssen Sie aber feststellen, ob Sie und Ihr Partner eher Yin oder Yang sind. Dafür suchen Sie die drei prägnantesten Merkmale in Ihren Gesichtern heraus und schauen dann in Kapitel 2 nach, ob Sie eher Yin oder Yang sind. Danach nutzen Sie die folgenden Informationen als Schlüssel zur Problemlösung. Vergessen Sie aber nicht, dass jeder Mensch einzigartig ist und hier nur grobe Verallgemeinerungen angeboten werden können.

YIN-MANN + YANG-FRAU	YIN-MANN + YIN-FRAU	
Sie wird versuchen, die Geldangelegenheiten zu erledigen und findet wahrscheinlich, dass er unverantwortlich umgeht mit Geld. Wenn er damit einverstanden ist und ihr vertraut, können beide davon profitieren. Sie sollte aber aufpassen und nicht zu diktatorisch und autoritär werden, damit sich über längere Zeit nicht Unmut bildet.	Dieses Paar hat eine sehr lockere Einstellung zum Geld. Sie haben beide einen Sinn für Verantwortung und werden finanziell nicht vom anderen abhängig sei. Um ein Durcheinander zu vermeiden in der Frage, wer was bezahlt, können gemeinsame Ziele fürs Sparen gesetzt werden und über bestimmte Budgets nachgedacht werden.	GELD
Sie ist sicher fähig, eine enge Beziehung zu seiner Familie aufzubauen, was für beide gut sein wird. Es kann aber auch dazu führen, dass er sich von seiner Verwandtschaft isoliert fühlt. Sie muss ihn mit einbeziehen und dafür sorgen, dass er die Entscheidungen in Bezug auf seine eigene Familie mit trifft.	Beide haben ein sehr entspanntes Verhältnis zur Familie und nicht das Gefühl, sich in die Familie des anderen einmischen zu müssen. Beide tendieren dazu, die Familie des Partners zu vernachlässigen oder den Partner während einer Familienkrise nicht ausreichend zu unterstützen. Hier kann eine klare Aussprache über das Verhalten in solchen Situationen helfen.	FAMILIE
Zu Beginn kann sie eine Beziehung ohne Bindung genießen, aber wenn sie sich entschieden hat, wird sie von seinem mangelnden Ernst wahrscheinlich genervt sein. Er wird jede Möglichkeit gut heißen, aber mehr Wert auf das emotionale Wohlbefinden legen und nicht einsehen, dass etwas geändert werden muss, wenn alles gut läuft.	Solange beide Partner sich sicher fühlen, können sie eine enge und intime Beziehung ohne formale Bindung genießen. Um die Beziehung aufrechtzuerhalten, sollten sie aber darauf achten, dass die Zeit miteinander sehr schön und interessant ist.	BINDUNG
Er genießt fantasievollen und spielerischen Sex und kann durch verschiedene Fantasien stimuliert werden. Sie zieht im Gegensatz dazu den aktiven, körperlichen Sex vor und möchte gerne von ihm kontrolliert werden. Für die beidseitige Befriedigung muss dieses Paar Wege finden, die die sexuellen Bedürfnisse beider befriedigen.	Dieses Paar hat einen ähnlichen sexuellen Geschmack und die gleichen Wünsche, passt also gut zusammen. Es könnte nur schwierig werden, wenn einer der beiden sich einen direkteren, aktiveren und dominanteren Partner wünscht. In diesem Fall müssen sie zusammen experimentieren und lernen, manchmal verschiedene Rollen zu spielen.	SEXUALITÄT
Im Haushalt wird es kaum Streit geben, denn sie ist gut organisiert und er lässt sie gerne walten. Probleme könnten auftauchen, wenn sie zu viel macht und ihm böse ist, weil er zu wenig hilft. Um das zu vermeiden, muss sie sich mehr entspannen, und falls er mehr mithilft, muss sie akzeptieren, dass er die Sachen auf seine Weise erledigt und nicht unbedingt so, wie sie es möchte.	Die Vereinbarungen über geteilte Pflichten im Haushalt könnten durch mangelnde Aufmerksamkeit gebrochen werden. Das kann zu Frustration und Enttäuschung führen, beide Partner könnten trotzig werden und die Pflichten vernachlässigen. Für dieses Paar ist es sinnvoll, gegenseitige Standards aufzustellen und sich dabei zu unterstützen.	HAUSHALT
Bei Verdacht einer Affäre wird sie schnell reagieren – sie könnte sogar die andere Frau aufsuchen. Er wird bei Eifersucht die Untreue seiner Partnerin als persönlichen Fehler werten und eher die Beziehung zerstören, als sie zu konfrontieren. Sie sollte lernen, nicht so voreilig zu sein und er muss lernen, sich durchzusetzen.	Unsicherheit kann bei beiden Eifersucht auslösen. Möglicherweise klärt keiner von beiden die Situation oder ist offen mit dem Anderen, was das Misstrauen noch verstärkt. Beide tendieren dazu, Gefühle gären zu lassen. Um langfristigen Groll zu vermeiden, sollte dieses Paar über die Gefühle reden – wenn beide das tun, werden sie besser verstehen, warum der andere eifersüchtig ist.	EIFERSUCHT

Beurteilung einer Partnerschaft

D ie Gesichtsdiagnose hilft bei der Voraussage, ob zwei Menschen zueinander passen und wo mögliche Konflikte entstehen könnten.

Zur Analyse einer Beziehung sollten Sie zuerst die Gesichtsformen anschauen und entscheiden, ob sie eher Yin oder Yang sind. Damit können Sie die Dynamik der Partnerschaft diagnostizieren. Danach schauen Sie sich die verschiedenen Gesichtszüge an. Sind die Gesichter sehr ähnlich, hat das Paar vieles gemeinsam und wird sich schnell nahe und innig fühlen. Je größer die Unterschiede, desto größer die Anziehung und desto leidenschaftlicher die Beziehung; aber es gibt dann auch ein größeres Potenzial für Konflikte. Sie haben vielleicht schon festgestellt, dass Paare, die lange zusammen leben, sich immer ähnlicher sehen. Das trifft vor allem zu, wenn sie immer

Junge Liebe

Dieses Paar hat im unteren Teil des Gesichts ähnliche Züge. Das heißt, sie haben in praktischen Dingen vieles gemeinsam. Sie könnte geselliger und ungeduldiger sein als er, er ist ausgeglichen und zuverlässig.

Gesichtsform Sein dreieckiges Yang-Gesicht zeigt ihn verantwortungsbewusst und gibt ihr Sicherheit. Sie hat ein ovales Yin-Gesicht, ist also fantasievoll und kreativ.
Haare Beide haben dickes Haar, das heißt, sie können sehr spielerisch, sogar grob miteinander umgehen.
Stirn Seine Stirn ist in der unteren Zone gut entwickelt, er wird der Praktischere sein und Ideen gut umsetzen können. Seine Stirn verläuft nach hinten, er könnte also lustig sein, was ihrem Sinn für Humor entspricht.
Augenbrauen Ihre langen, dünnen Augenbrauen zeigen, dass sie ehrgeizig und dynamisch ist und schnell denkt, während seine dicken Augenbrauen darauf schließen lassen, dass er zwar ehrgeizig, aber empfindsamer gegenüber den Gefühlen anderer ist. Die senkrechte Falte zwischen den Augenbrauen zeigt, dass sie unter Stress ihm gegenüber ungeduldig sein kann.
Augen Beide haben sehr gleichförmige Augen, was ihnen hilft, offen miteinander zu sein.
Wangen und Nase Beide haben ähnliche Wangen und Nasen, die aussagen, dass sie emotional veranlagt sind und gut zueinander passen. Daraus kann eine innige, langjährige Beziehung wachsen, wenn sich beide anstrengen.
Mund Beide haben einen breiten Mund, sie genießen es, Spaß zu haben.
Kiefer Die ähnlichen Kiefer zeigen ihre Entschlossenheit, nach vorne auf ihre Ziele zuzugehen. Diese starke Triebkraft kann aber auch dazu führen, dass im Streit keiner von beiden zurückstecken kann.

zusammen essen und die gleichen Tätigkeiten ausführen, denn dadurch beziehen sie aus der Nahrung, aus der näheren Umgebung und voneinander die gleiche Qi-Energie. Über längere Zeit kann das die Gesichtszüge beeinflussen.

Überprüfen Sie Ihr Können

Mit der Übung unten können Sie Ihr Können überprüfen. Bevor Sie die Analyse der zwei Paare durchlesen, versuchen Sie selbst die wichtigsten Punkte jeder Beziehung herauszufinden. Die Frageliste rechts hilft Ihnen dabei. Notieren Sie sich, wie sich die Paare Ihrer

Meinung nach verhalten und vergleichen Sie das dann mit meiner Analyse.

Fragen

• Was haben sie gemeinsam?
• Ist er oder sie geselliger und Spaß orientierter?
• Ist einer von beiden besonders empfindlich?
• Wer ist praktisch und wer verantwortungsbewusst?
• Sind beide ehrgeizig oder materialistisch?
• Wird einer von beiden leicht ungeduldig?
• Sind sie offen oder gehemmt miteinander?
• Können Sie voraussagen, über was sie sich streiten?

Ewige Liebe

Sehr wahrscheinlich hat dieses Paar die gleichen Hobbys und Neigungen und teilt gerne die Gefühle miteinander. Ihre Gesichter ähneln sich sehr, das heißt, sie sind ein gutes Team und werden ihre Ziele gemeinsam erreichen.

Gesichtsform Dieses Paar hat ähnlich geformte Gesichter, hat also die gleiche Lebenseinstellung und passt gut zueinander.
Stirn Seine große, hervorstehende Stirn lässt darauf schließen, dass er gerne allein an seinen Projekten arbeitet. Ihre kleine, nach hinten verlaufende Stirn legt nahe, dass sie die Gesellschaft von anderen liebt. Das wird aber kein Problem sein, solange sie seinen zeitweiligen Rückzug und er ihren Wunsch nach Gesellschaft akzeptiert.
Augen und Augenbrauen Achten Sie darauf, wie ähnlich sie sind; beide konzentrieren sich auf Details, und ich nehme an, sie haben ein sauberes aufgeräumtes Zuhause. Sie neigen dazu, sehr genau und präzise zu sein und möchten, dass alles perfekt ist.
Nase, Wangen und Haare Beide haben breite Nasen, volle Wangen und feines Haar, was darauf schließen lässt, dass beide lustige, emotionale Menschen sind, die eine enge, warme und liebende Partnerschaft voller Sensibilität aufbauen können.
Mund Beide haben einen breiten Mund, der bedeutet, dass sie viel Spaß zusammen haben können und sich gerne vergnügen.
Kiefer Beide haben ein prägnantes Kinn, das heißt, sie legen viel Wert darauf, im Leben voranzukommen. Ich nehme an, sie haben sich sehr angestrengt, ein gemeinsames Haus zu kaufen und über die Jahre ihre Karrieren oder wenigstens eine Karriere vorangetrieben. Wenn sie materialistisch eingestellt sind, können sie sich gut gegenseitig stützen und auf ein gemeinsames Ziel hinarbeiten.

Freunde & Familie

Bei geselligen Anlässen können Sie durch Ihre Fähigkeit, ein Gesicht schnell einzuschätzen, erfolgreicher mit neuen Bekanntschaften kommunizieren. Die Gesichtsdiagnose hilft Ihnen auch, versteckte Wesenszüge von Verwandten und Familienmitgliedern zu erkennen und zu verstehen, warum sie sich so und nicht anders verhalten.

Wenn Sie die Gesichtszüge von jemanden besser verstehen und so sein eigentliches Wesen erkennen können, fällt es Ihnen leichter, richtig mit ihm oder ihr umzugehen. Mit neuen Bekanntschaften können Sie sich dann beispielsweise über Dinge unterhalten, die dem Gegenüber wichtig und interessant erscheinen. Mit einem Menschen, der ein dreieckiges Gesicht hat, redet man gut über praktische Dinge, während ein Yin-Mensch mit einer gut entwickelten Stirn sich mehr für Ideologien, Politik oder Philosophie interessiert.

Wenn sich die neue Bekanntschaft langsam entwickelt, hilft Ihnen die Gesichtsdiagnose, die Beziehung positiv zu gestalten. Da Sie die versteckten Wesenszüge eines Menschen von außen erkennen können, bleiben Ihre Erwartungen über seine oder ihre Qualitäten realistisch und Sie können weitere gemeinsame Interessen entdecken. Sie sehen vielleicht, dass sie oder er von einem Freund Treue, Ehrlichkeit und Unterstützung erwartet. In dem Fall respektieren Sie die entsprechenden Gefühle und bringen Sie zur richtigen Zeit Sympathie auf. Die Gesichtsdiagnose hilft auch, Konflikte oder Verletzlichkeiten eines Menschen zu erkennen – etwa ob jemand besonders trotzig ist oder empfindlich auf Kritik reagiert. Wenn Sie das von Anfang an wissen, können Sie sich entsprechend verhalten.

Sie erkennen aber nicht nur, was jemand von einem Freund erwartet, sie sehen auch, welcher Typ Freund der Mensch sein wird. Wenn Sie Freunde suchen, die Spaß lieben und gesellig sind, achten Sie auf oval geformte Gesichter, eine nach hinten verlaufende Stir
Freundschaft sehr ernst nehmen und jemanden brauchen, der sensibel auf Ihre Gefühle reagiert, sollten Sie Ausschau halten nach Menschen mit großen Augen, nach unten verlaufenden Augenbrauen oder einem runden Gesicht. Wenn Sie das alles weise anwenden, wird Ihre Freundschaft lange anhalten und bricht nicht wegen einer Kleinigkeit auseinander.

Gleich und Gleich gesellt sich gern *Die Menschen haben oft Freunde, die ihnen sehr ähnlich sind. Vor allem Teenager wollen es ihren Freunden gleichtun, indem sie ähnliche Kleidung und den gleichen Haarschnitt tragen.*

Die Gesichtsdiagnose hilft Ihnen auch, Ihr eigenes Auftreten den unterschiedlichen Anlässen anzupassen. Wenn Sie schüchtern sind, bei einem formellen Anlass aber selbstsicher auftreten wollen, sollten Sie möglichst Yang erscheinen – das heißt, sie sollten Augenkontakt halten und die Haare ordentlich tragen (entweder kurz geschnitten oder nach hinten gebunden). Als Frau sollten Sie nur ein helles Make-up auflegen.

Und schließlich kann das Interpretieren der Gesichter auch helfen, einige Geheimnisse in der eigenen Familie aufzudecken. So können Sie jetzt Ihr eigenes Verhalten zu Ihren Eltern besser verstehen und erfahren, wie Sie am besten Ihre Kinder großziehen *(s. S. 94–97)*. Durch die Untersuchung der Beziehung zu Ihren Eltern fördern Sie die eigene Selbsterkenntnis ungemein, vielleicht werden Sie auch feststellen, dass Ihr Umgang mit Ihren Eltern die Art und Weise beeinflusst, wie Sie Ihren Partner, Ihre Kinder und enge Freunde behandeln.

Freunde und Verwandte besser verstehen

Unter Freunden und in der Familie findet man immer sehr unterschiedliche Persönlichkeiten – einige sind besonders treu, andere sehr hilfsbereit. Die Charakteristika, die ich hier beschreibe, sind die wichtigsten bei Freunden und Verwandten; Sie werden sicher den einen oder anderen wiedererkennen.

Liebevoll

Menschen, die sich nach Nähe, Zärtlichkeit und Innigkeit sehnen, sind meist vorrangig Yin. Wenn Sie jemand kennen, der besonders liebevoll ist, wird er oder sie sicher einige der folgenden Gesichtszüge haben: große Lippen, große Augen, nach unten verlaufende Augenbrauen, eine breite Nase, volle Wangen oder ein rundes Gesicht. Diese Menschen sind bei Freunden und in der Familie sehr anschmiegsam – Umarmen und Küssen ist für sie ganz natürlich. Menschen, die nicht so herzlich sind, werden von ihnen als reserviert angesehen, es fällt ihnen dann schwer, eine Beziehung aufzubauen. Solch warmherzige Menschen müssen allerdings einsehen, dass sich nicht jeder wohl fühlt bei so viel Herzlichkeit.

Ehrlich

Offen zu sein und Dinge auf den Punkt zu bringen ohne Angst vor Konsequenzen sind Yang-Züge. Diese freimütige Ehrlichkeit findet sich am ehesten bei jemandem mit einem eckigen Gesicht, einem großen, ausgeprägten Kiefer oder langen, dicken und geraden Augenbrauen. Wenn jemand unter Ihren Freunden oder in Ihrer Familie diese Gesichtszüge hat, ist Ihnen vielleicht schon aufgefallen, dass der- oder diejenige auch von Ihnen Ehrlichkeit erwarten und frustriert ist, wenn Sie sich nicht ähnlich verhalten. Wenn Sie selbst diese Gesichtszüge besitzen und keine Angst vor Konfrontationen haben, sollten Sie den Yin-Charakteren um sich herum so viel Sicherheit geben, dass Sie zu Ihnen in jeder Situation ehrlich sein können.

Treu

Treue und Hingabe ist vor allem eine Yang-Qualität. Jemand mit schmalen Lippen, einer dünnen Nase oder eng beieinander liegenden Augen kann sich gut auf eine Sache konzentrieren. Der Sinn für Treue bezieht sich bei diesen Menschen vor allem stark auf Personen, die sie respektieren. Diese vorrangigen Yang-Charaktere sind auch sehr verantwortungsbewusst Freunden und Familie gegenüber, sie werden Sie selten warten lassen oder Ihren Geburtstag vergessen. Allerdings erwarten sie auch das Gleiche von Freunden und Verwandten und sind leicht enttäuscht oder ärgerlich, wenn man sie im Stich lässt. Diese treuen Menschen nehmen Freundschaften sehr ernst und haben einen ausgeprägten Familiensinn.

Hilfsbereit

Dieser Wesenszug kann sich auf unterschiedliche Weise zeigen, je nachdem, ob jemand eher Yin oder Yang ist. Eine Yin-Person mit nach unten verlaufenden Augenbrauen oder vollen Wangen wird ihre Unterstützung mitfühlend, lieb und sanft anbieten. Solch ein Mensch wird gerne bereit sein, viel Zeit mit Ihnen zu verbringen, bis Sie eine Lösung für Ihre Probleme gefunden haben.

Im Gegensatz dazu wird ein Yang-Mensch mit nach oben verlaufenden Augenbrauen, kleinen Augen und einem eckigen Gesicht Sie eher durch seine Mithilfe unterstützen, indem er bestimmte Sachen erledigt oder Verantwortung übernimmt. Achten Sie darauf, dass jemand mit einer senkrechten Falte zwischen den Augenbrauen Sie zwar unterstützen wird, aber leicht frustiert sein kann, wenn Sie seinen Rat nicht annehmen. Wenn Sie diesen Menschen um Hilfe bitten, sollten Sie sich sicher sein, dass Sie sich auch nach seinen Vorschlägen richten wollen.

Kritisch

Menschen, die sich durchsetzen können und keine Angst vor Konfrontationen haben, sind vorrangig Yang. Falls jemand in Ihrer Familie oder unter Ihren Freunden nach oben verlaufende Augenbrauen oder eine senkrechte Falten zwischen den Augenbrauen hat, haben Sie sicher festgestellt, dass er oder sie Ihnen ohne Rücksicht auf Gefühle sehr schnell die Meinung sagt. Solche Yang-Menschen sprechen Probleme gerne gleich an, lösen sie und machen dann weiter in ihrem Leben. Wenn jemand unter Ihren Freunden oder Verwandten diese Züge hat, sollten Sie die Kommentare nicht zu persönlich nehmen, denn meist sind sie nicht böse gemeint.

Wenn Sie selbst sehr kritisch sind, dürfen Sie nicht vergessen, dass Yin-Menschen mit großen Augen, langen Wimpern und feinem Haar sehr empfindlich auf Kritik reagieren; positive Anregungen sind in diesem Fall besser als kritische Kommentare.

Mitfühlend

Yin- und Yang-Charaktere gehen ganz unterschiedlich mit Problemen um, wenn Sie also ein mitfühlendes Ohr benötigen, achten Sie darauf, dass die Person es ehrlich meint mit Ihnen. Wenn Sie jemand suchen, der Ihnen zuhört, während Sie über Ihre Probleme sprechen, wählen Sie einen Freund oder Verwandten, der vorrangig Yin ist, denn der- oder diejenige wird Ihre Gefühle am besten verstehen und Sie bestärken, selbst eine Lösung zu finden. Solch ein Mensch hat meist große Augen, nach unten verlaufende Augenbrauen und volle Wangen.

Wenn Sie aber lieber mit jemanden sprechen wollen, der das Probleme gleich an der Wurzel anpackt, suchen Sie einen Freund oder ein Familienmitglied, das vorrangig Yang ist, denn er oder sie wird schnell eine praktische Lösung für Ihre Probleme finden. Solch ein Mensch hat meist kleine Augen, ein eckig geformtes Gesicht und einen ausgeprägten Kiefer.

Eine Freundin in Not

Die Fähigkeit, Probleme zu teilen, ist ein sehr wichtiger Teil einer Freundschaft. Yin-Charaktere mit großen Augen, nach unten verlaufenden Augenbrauen und vollen Wangen sind meist gute Zuhörer und nehmen sich gerne Zeit, Ihnen ihr mitfühlendes Ohr zu leihen. Yang-Charaktere konzentrieren sich dagegen auf die sofortige Lösung Ihrer Probleme. Diese Menschen haben meist kleine Augen, ein eckiges Gesicht und einen ausgeprägten Kiefer.

Gesellschaftliche Anlässe

Partys und gesellschaftliche Anlässe sind eine gute Gelegenheit, Ihre Fähigkeiten in der Gesichtsdiagnose zu üben. Wenn Sie ankommen, halten Sie kurz Ausschau nach Personen, die Sie noch nie gesehen haben. Suchen Sie sich zwei oder drei aus, die Ihnen sympathisch sind. Dann machen Sie aus der Ferne eine schnelle Gesichtsdiagnose. Danach versuchen Sie mit den betreffenden Personen ins Gespräch zu kommen, um Ihre Analyse zu überprüfen.

Unterhaltung mit einer Yin- oder Yang-Person

Wenn Sie mit einem vorrangigen Yang-Charakter reden – jemand mit einem dreieckigen Gesicht, dünnen Lippen und kleinen Augen – bringen Sie das Gespräch auf praktische Themen, denn dieser Mensch wird logisch denken und Diskussionen über Wirtschaft, Geschäfte und Wissenschaft oder über körperliche Aktivitäten oder Sport lieben. Sie werden auch feststellen, dass er schnell auf den Punkt kommt und eine anregende und schnelle Unterhaltung bevorzugt – bleiben Sie also nicht zu lange bei einem Thema. Es kann sein, dass er oder sie extrovertiert ist und gerne über sich selbst redet – Sie sollten viele Fragen stellen. Aber passen Sie auf, ein Mensch mit zu viel Yang kann sehr dogmatisch sein und wird deshalb vielleicht keine andere Meinung dulden. Es ist besser, wenn Sie ihm zustimmen, um einen Streit zu vermeiden.

Wenn Sie dagegen mit jemand sprechen, der große Augen, ein ovales Gesicht und volle Lippen hat, also vorrangig Yin ist, ist es besser, ein unbeschwertes Gespräch über einen großen Themenbereich wie Kultur,

Bekanntschaften machen Partys sind gute Gelegenheiten, Freunde zu finden. Wenn Sie während des Gesprächs Augenkontakt halten, wird die andere Person merken, dass Sie interessiert sind an dem, was er oder sie sagt. Durch ein Lächeln wirken Sie freundlich und zugänglich.

Literatur, Gefühle und Ideologien zu führen. Diese Person kann auch introvertiert sein und findet es vielleicht interessanter, Ihnen Fragen über Ihr Leben zu stellen, als viel von sich selbst aufzudecken – hier dürfen Sie also nicht zu sehr nachfragen. Sie werden sicher feststellen, dass er oder sie sehr offen, aber manchmal etwas vage ist. Ein Mensch, der zu viel Yin hat, kann extrem schüchtern sein und wird Schwierigkeiten haben, sich überhaupt zu unterhalten. Versuchen Sie, diesem Menschen zur Entspannung zu verhelfen, indem Sie die Unterhaltung langsam gestalten und über Themen sprechen, die sein Interesse erregen.

Die Kraft des Augenkontakts

Eine der stärksten, nicht verbalen Bindungen zwischen Ihnen und der Person, mit der Sie sprechen, ist der Augenkontakt; allerdings kann ein zu langer Augenkontakt einschüchternd wirken.

Um dies besser beurteilen zu können, sollten Sie ein Experiment mit einem Freund machen: Während eines Gesprächs schauen Sie ihm oder ihr direkt in die Augen und achten darauf, wie lange es dauert, bis Zeichen des Unbehagens auftreten. Anschließend erklären Sie das Experiment und fragen, wie er oder sie sich gefühlt hat – eingeschüchtert und gehemmt, wird sehr wahrscheinlich die Antwort sein.

Ein zu langer Augenkontakt ist also unangenehm, aber woher sollen Sie wissen, wie lange Sie Augenkontakt halten können? Am besten ist es, schon auf das geringste Zeichen des Unbehagens zu achten – beispielsweise ein nervöses Lachen, das Senken des Blicks oder das Beißen auf die Unterlippe.

Aber auch die Art und Weise, wie Sie den Augenkontakt unterbrechen, deckt einiges auf. Das Senken des Blickes während eines Gesprächs lässt Sie schüchtern oder gefühlvoll wirken. Das zeigt der anderen Person, dass Sie mitempfinden können und ist angebracht, wenn Ihnen jemand eine traurige Geschichte erzählt.

Eine andere Möglichkeit ist es, nach oben zu schauen. Das sollten Sie aber im zwischenmenschlichen Bereich vermeiden, denn es zeigt Gleichgültigkeit und Langeweile. Wenn Sie lange nach oben schauen, sieht es aus, als hätten Sie die Konzentration verloren oder würden tagträumen. Heben Sie nur kurz die Augen, denn das hinterlässt den Eindruck, als würden Sie ein bestimmtes Problem im Geist noch einmal überdenken, diese Geste ist angebracht während einer intellektuellen Diskussion.

Falls Sie zur Seite schauen, wirken Sie abwesend. Das sollten Sie nur tun, wenn Sie jemandem besser zuhören wollen und das Ohr näher bringen. Achten Sie aber darauf, dass das Gegenüber Ihre Absicht versteht, sonst könnte er oder sie denken, sie schauten sich nach besserer Gesellschaft um.

Bestimmte Gesichtszüge

Hier ist ein kurzer Leitfaden, mit dem Sie schon beim ersten Treffen erkennen können, welchen Charakter die Person hat, mit der Sie reden, und wie Sie am besten auf sie eingehen können.

Ist die Stirn groß und hoch?

Wenn ja, liebt diese Person geistig herausfordernde Gespräche über intellektuelle oder wissenschaftliche Themen, eine triviale Unterhaltung könnte sie oder ihn langweilen.

Hat Ihr Gegenüber eine senkrechte Falte zwischen den Augenbrauen?

Wenn ja, zieht diese Person ein schnell dahinfließendes Gespräch vor. Wenn Sie zu langsam antworten oder einen Scherz nicht verstehen, wird sie frustriert oder gereizt sein. Wenn Ihr Gegenüber mit dem, was Sie sagen, nicht einverstanden ist, wird er oder sie darüber diskutieren, was zu einer Auseinandersetzung führen könnte.

Hat Ihr Gegenüber große Augen?

Das ist ein Yin-Zug und spricht für Offenherzigkeit, Sensibilität und Aufmerksamkeit. Er oder sie wird gerne über sich selbst sprechen, Sie können also viele Fragen stellen, aber Ihnen wird auch zugehört werden.

Sind die Augen klein?

Wenn ja, sorgen Sie sich nicht, wenn Sie nur wenig Reaktion auf Ihr Gespräch erhalten. Solche Menschen ziehen es vor, lange zuzuhören und zu beobachten, bevor Sie sich äußern.

Sind die Wangen voll und ist die Nase breit?

Dieser Mensch wird sehr gut beschreiben können, was er über bestimmte Dinge denkt, und er wird gerne Ihren emotionalen Erfahrungen zuhören.

Hat Ihr Gegenüber einen großen Mund oder volle Lippen?

Das ist ein Zeichen dafür, dass er oder sie sich gerne vergnügt und vielleicht Gefallen an einem Flirt oder einer sinnlichen Unterhaltung findet.

Eltern und Verwandte

Die Gesichtsdiagnose bei Ihren Eltern, Geschwistern und Verwandten hilft Ihnen, ihren Charakter besser zu verstehen und dadurch eine gute Beziehung zu ihnen aufzubauen.

Vererbte Züge

Machen Sie zuerst eine Gesichtsdiagnose von Ihren Eltern und schreiben Sie auf, was Sie mit Mutter und Vater gemeinsam haben. Sie können Bilder von Ihrer linken und Ihrer rechten Seite zusammenstellen (s. S. 20–21), um die Ähnlichkeiten und Unterschiede deutlicher zu erkennen. Denken Sie daran, das Bild von der linken Seite entspricht Ihrem Vater und das von der rechten Seite Ihrer Mutter.

Wenn Sie die Ähnlichkeiten notiert haben, können Sie feststellen, welche Charakteristika Sie von welchem Elternteil geerbt haben. Wenn Ihre Mutter beispielsweise volle Wangen hat, werden Sie feststellen, dass Sie beide ziemlich emotional sind und auf dieser Ebene sehr gut miteinander auskommen; wenn Sie und Ihr Vater dünne Lippen haben, arbeiten Sie wahrscheinlich beide sehr viel. Die Wesenszüge, die Sie mit Ihren Eltern gemeinsam haben, sind meist die, denen Sie nacheifern, sie können zu starken Bindungen wachsen, die Ihnen durch schwierige Zeiten helfen. Beispiele dafür sind ein ähnlicher Sinn für Humor, der gleiche Intellekt oder ähnliche Ziele bei den Eltern und Ihnen. Gleichzeitig müssen Sie und Ihre Eltern aber auch lernen, die Unterschiede zu akzeptieren, und sich nicht darüber aufzuregen, wenn jemand etliche Dinge vollkommen gegensätzlich angeht.

Die Gesichtszüge, die Sie ganz offensichtlich nicht mit Ihren Eltern gemeinsam haben, zeigen dann auch

Vater und Sohn Oft sehen die Kinder aus wie die Eltern und verhalten sich auch ganz ähnlich. Kirk und Michael Douglas haben beispielsweise beide ein sehr markantes Kinn und einen kräftigen Kiefer, was Erfolgsstreben ausdrückt. Die kleinen Augen und die Falte zwischen den Augenbrauen sprechen für dynamische und aufgeweckte Charaktere.

die Wesenszüge, die Sie von Ihren Eltern unterscheiden. Das sind oft die Charakteristika, die Auseinandersetzungen mir Ihren Eltern hervorrufen. Sie können zum Beispiel sehr praktisch und logisch sein, während Ihre Mutter sehr verträumt und emotional ist – vielleicht kann Ihre Ungenauigkeit sie reizen, während sie meint, Sie seien zu eindringlich. Obwohl solche Unterschiede oft die Hauptursache für Konflikte sind, können sie eine Beziehung auch interessant und dynamisch machen.

Wenn Sie meinen, dass Ihre Gesichtszüge weder denen des Vaters noch denen der Mutter gleichen, schauen Sie sich Ihre Großeltern an – vielleicht haben Sie Aussehen und Persönlichkeit von ihnen geerbt.

Verwandte besser verstehen

Jedes Mitglied einer Familie hat einzigartige Bedürfnisse und Charakteristika. Diese Unterschiede innerhalb einer Familie können große Verwandtschaftstreffen oft zu einer Herausforderung werden lassen. Wichtig ist, dass Sie miteinander Spaß haben und das Beste aus der Gesellschaft der anderen machen, damit eine starke und liebende Familiengemeinschaft erhalten bleibt.

Die Gesichtsdiagnose kann Ihnen helfen, Ihre Verwandten besser zu verstehen und sie als einzigartige Menschen anzuerkennen. Wenn Sie wissen, welches Familienmitglied eher Yin oder Yang ist, werden Sie entsprechend mit ihnen umgehen. Wenn Sie jemand in Ihrer Familie einschüchternd oder unzugänglich finden, werden Sie feststellen, dass er oder sie einen Yang-Charakter hat; achten Sie auf ein eckig geformtes Gesicht, einen ausgeprägten Kiefer oder lange, dicke Augenbrauen. Solch ein Mensch will nicht anmaßend auftreten, aber er zieht es vor, ehrlich zu sein und erwartet die gleiche Freimütigkeit auch von anderen. Um mit diesen Menschen gut auszukommen, sollten Sie sagen, was Sie denken, und sich seine oder ihre Meinung nicht zu sehr zu Herzen nehmen.

Gemeinsame Mahlzeiten mit der Verwandtschaft können die Familienharmonie stärken, denn alle treffen mit der gleichen Absicht zusammen. Sie sollten vermeiden, extreme Yin- oder Yang-Mahlzeiten zu servieren, denn süße Yin-Nahrung kann einige emotional werden lassen, während andere durch fettige Yang-Nahrung gereizt werden. Mahlzeiten wie Kasserolle oder Salate, in denen Yin und Yang ausgeglichen ist, sind die ideale Kost.

Die Haarspirale

Die Haarspirale auf dem Kopf verrät, welches Elternteil den größten Einfluss auf Ihre persönliche Qi-Energie hat. Schauen Sie nach, ob sie sich nach rechts oder nach links dreht.

Bitten Sie einen Freund, auf Ihren Kopf zu schauen; die Spirale befindet sich meist etwas hinten und zu einer Seite hin. Diese Spirale ist bei kurzen Haaren besser zu sehen und am leichtesten bei Babys. Wenn Sie sie gefunden haben, schauen Sie, ob sie auf der rechten oder linken Seite des Kopfes sitzt. Ist sie auf der linken, ist der väterliche Einfluss größer, befindet sie sich eher rechts, ist der mütterliche Einfluss auf die Qi-Energie größer.

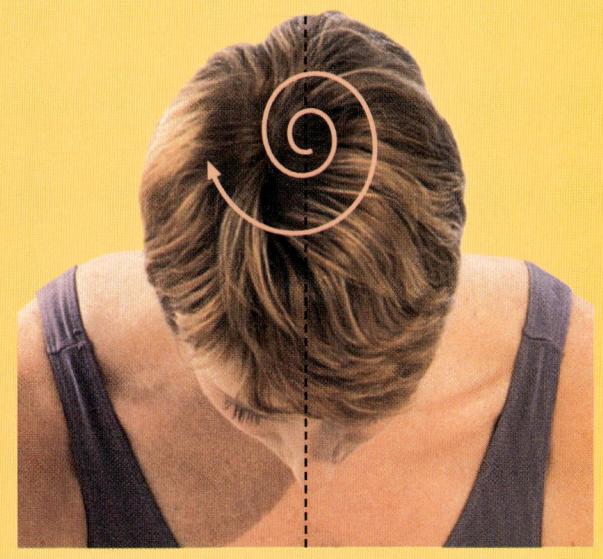

Kinder

Die Gesichtsdiagnose ermöglicht es Ihnen auch, Ihr Kind oder Enkelkind besser kennen zu lernen. Sie erklärt, warum das Kind sich so und so verhält und lehrt Sie, wie Sie sich ihm gegenüber am besten verhalten. Sie werden herausfinden, welche Dinge das Kind schwierig findet, und lernen, wie Sie ihm auf seinem Lebensweg helfen können.

as Aufziehen von Kindern ist eine sehr schöne, aber auch anstrengende Aufgabe, meist spielen Eltern und Großeltern die wichtigste Rolle in den ersten Lebensjahren. Die Beziehung zu den eigenen Eltern beeinflusst oft die eigenen Erziehungsmethoden. Sie werden bemerken, dass Sie Ihre Kinder entweder so großziehen, wie Sie erzogen wurden oder aus Opposition gegen Ihre Eltern vollkommen anders. Wenn Sie Eltern hatten, die sehr streng und beschützend waren, werden Sie Ihre Kinder vielleicht ähnlich behandeln, auch wenn Ihnen das als Kind selbst nicht gefiel. Oder Sie rebellieren gegen Ihre Eltern und lassen Ihre Kinder sehr liberal und mit minimaler Disziplin aufwachsen.

Den Erziehungsstil wählen Sie ganz allein, keiner ist besser als der andere. Aber es ist unleugbar, dass Sie am besten auf die Kinder reagieren können, wenn Sie schon früh ihr eigentliches Wesen kennen; die Gesichtsdiagnose hilft Ihnen dabei. Obwohl sich die Gesichter der Kinder über die Jahre hinweg verändern, zeigt schon das Babygesicht, ob das Kind eher Yin oder Yang ist. Mit diesem Wissen können Sie besser auf mögliche Probleme reagieren. Wutausbrüche, Schlafprobleme und Weinerlichkeit können viel leichter behandelt werden, wenn Sie die Ernährung und den Lebensstil des Kindes verändern, um zu viel Yin oder Yang abzubauen.

Wenn Ihr Baby einen ausgeprägt runden oder eckig geformten Kopf mit einem flachen Hinterkopf und Augen hat, die nahe beieinander liegen, ist es ziemlich Yang. Das stimmt vor allem wenn es auch ein unterer „Sanpaku" ist *(s. S. 41)* – man also das Augenweiß auf der Seite und über der Iris sehen kann. Falls Ihr Baby diese Merkmale aufweist, geben Sie ihm viel Gemüse, Früchte und Säfte und keine salzigen Nahrungsmittel, denn auf diese Weise können Sie das Yin wieder ausgleichen und typische Kindheitsprobleme vermeiden.

Das Gegenteil trifft zu, wenn Ihr Kind große, weit auseinander liegende Augen, einen großen Mund mit vollen Lippen und einen ovalen Kopf mit einem gut entwickelten Hinterkopf hat und zusätzlich oberer „Sanpaku" ist *(s. S. 41)* – das Augenweiß also auf den Seiten und unter der Iris zu sehen ist. In diesem Fall ist das Kind Yin, mögliche Probleme können durch eine Nahrung mit viel Wurzelgemüse und Getreide aufgehoben werden.

Ein Yin-Kind *Große, weit auseinander liegende Augen und ein großer Mund sprechen für ein Yin-Kind, das wahrscheinlich sensibel ist (ganz rechts). Wenn es zu sehr Yin wird, kommt es zu Tränen und Unsicherheit (ganz links). Vermeiden Sie extremes Yin – etwa süße Nahrungsmittel –, damit es dem Kind gut geht (Mitte).*

Erkennen Sie die Wesenszüge Ihres Kindes

Obwohl die Gesichter von Kindern sich erst vollständig entwickeln, wenn sie erwachsen werden, ist es doch möglich, die Gesichtszüge zu interpretieren und versteckte Charakter-eigenschaften oder Talente herauszufinden. Mit diesem Wissen können Sie die beste Beziehung zu Ihrem Kind aufbauen. Hier finden Sie die häufigsten Wesenszüge der Kinder.

Sensibel

Das ist ein Yin-Merkmal und wird durch eine ovale Gesichtsform, nach unten verlaufende Augenbrauen und große Augen gekennzeichnet.

Die ovale Gesichtsform und die großen Augen sprechen dafür, dass das Kind sich Kritik und Negativität sehr zu Herzen nehmen wird, während die Augenbrauen vermuten lassen, dass es anderen gegenüber sehr aufmerksam sein wird. Schauen Sie nach, wie oft Ihr Kind zwinkert; häufiges Zwinkern ist ein Zeichen für Sensibilität. Wenn Ihr Kind hypersensibel ist, sollten Sie es durch Lob und positive Vorschläge bestärken und nicht durch Drohungen und negative Bemerkungen – denn diese können letztendlich zu mangelnder Selbstachtung und wenig Selbstvertrauen führen. Ein Kind mit diesen Gesichtszügen wird zu anderen nett sein und sich gerne um seine Haustiere kümmern.

Selbstsicher

Selbstvertrauen ist vorrangig Yang, was Sie durch einen Blick auf die Augen des Kindes überprüfen können. Wenn Ihr Kind den Augenkontakt ohne Probleme aufrecht erhält und selten zwinkert, wird es von Natur aus selbstbewusst sein. Andere Gesichtszüge, die dafür sprechen, sind: lange buschige Augenbrauen, die leicht nach oben oder gerade verlaufen, ein eckig geformtes Gesicht und ein starker Kiefer. Im Extremfall kann zu viel Selbstbewusstsein zu Arroganz führen und zur Unfähigkeit, Ratschläge anzunehmen. Ihr Kind lernt am besten, Ratschläge anzunehmen, wenn Sie es auch Fehler machen lassen. Durch Yin-Nahrung und Yin-Aktivitäten kann es empfänglicher werden. Wenn Sie diesem Kind eine Rüge erteilen wollen, warten Sie damit, bis es sich beruhigt hat.

Frustriert

Wenn Ihr Kind sehr oft enttäuscht ist, könnte es zu viel Yang haben. Solch ein Kind setzt sich sehr hohe Ziele, wenn es diese nicht erreicht, wird es ungeduldig und gereizt. Im schlimmsten Fall kann alles in einem Wutanfall enden. Dieser Wesenszug wird gekennzeichnet durch kurze, nach oben verlaufende Augenbrauen mit einer senkrechten Falte dazwischen, dünnen Lippen und einem eckig geformten Gesicht. Dieses Kind muss Wege finden, wie es seinen Ehrgeiz herunterschrauben und Selbstachtung und eine positive Einstellung finden kann. Mit diesen positiven Zügen kann es sich dann auf etwas Neues konzentrieren, wenn die vorherigen Projekte gescheitert sind. Das Kind hat so viel Energie, dass es mit viel Enthusiasmus wieder von Neuem beginnen und dabei Erfolg haben kann.

Kreativ

Wenn Ihr Kind ein ovales Gesicht, eine große Stirn und weit auseinander liegende Augen hat, wird es sehr wahrscheinlich ziemlich kreativ sein. Sie werden dann feststellen, dass es gut auf geistige Herausforderungen reagiert und sich gerne mit einer Sache allein beschäftigt. Wenn Ihr Kind auch noch große Augen hat, wird es eine sehr lebhafte Fantasie haben und viele interessante und originelle Ideen entwickeln. Hat Ihr Kind eher kleine Augen, kann es sich gut auf Details konzentrieren und wird mehr Zeit für Malen, Musik oder Modellieren verwenden. Ein langer Hals betont die kreative Ader noch. Im Extremfall wird es dem kreativen Kind an Selbstdisziplin mangeln. Eine Herausforderung für Sie wird sein, dem Kind zu helfen, mehr Yang-Züge zu entwickeln und die Fähigkeit, sich einzuschränken, ohne die kreativen Talente zu verlieren.

Umgang mit Verhalten und Gefühlen

Um die Gefühle Ihres Kindes besser zu verstehen, müssen Sie zuerst herausfinden, ob es eher Yin oder Yang ist. Ist Ihr Sohn sehr Yang, tendiert er dazu, schnell angespannt, gereizt und ärgerlich zu werden; eine Entspannung würde ihm generell helfen. Eine Yang-Ernährung (Fleisch, Eier und salzige Lebensmittel) verstärkt diesen Jähzorn noch. Sie sollten ihm also vorrangig Yin-Nahrung geben. Wenn Ihre Tochter im Gegensatz dazu manchmal schüchtern, nervös und ängstlich ist, weist das auf eine Yin-Veranlagung hin, sie würde von Yang-Aktivitäten profitieren, während sie sich bei einer Yin-Ernährung (süße Nahrungsmit-tel, Limonaden und Früchte) vielleicht noch weiter in ihr Schneckenhaus zurückzieht.

Um sehr feine Veränderungen im Yin- und Yang-Gleichgewicht Ihres Kindes festzustellen, sollten Sie den Gesichtsausdruck sorgfältig beobachten. Stirnrun-zeln, in die Unterlippe beißen und Zähneknirschen nachts sprechen alle für zu viel Yang. Ein offener Mund, häufiges Blinzeln und ein oberes „Sanpaku" (s. S. 41) weisen auf zu viel Yin hin. Die einfachste Art, Verhaltensprobleme zu überwinden, ist eine veränderte Ernährung und Lebensweise. Die Liste un-ten hilft Ihnen dabei.

VERHALTEN	URSACHE	ABHILFE	
		Ernährung	Aktivitäten
Weinerlich	zu viel Yin	Reduzieren von süßen Le-bensmitteln; mehr dicke Suppen; Getreide und Wurzelgemüse	Körperlich orientierte Spiele und ein festes Tagesprogramm
Tränenreich	zu viel Yin	Vermeiden von süßen Nahrungsmitteln und Limonaden; mehr Fisch	Aktivitäten draußen; mit Enthusiasmus und Lob Selbstvertrauen aufbauen
Wutanfälle	zu viel Yang	Fleisch, Eier und Salz re-duzieren; mehr Gemüse, Salate und Obst	Entspannungsmusik; mit Geschichten für Entspan-nung sorgen, mehr Schlaf
Aggressivität	zu viel Yang	Fleisch, Eier und Salz und süße Lebensmittel re-duzieren	Kreative Aktivitäten wie Malen, Musik oder Model-lieren unterstützen; Kampfsport leitet die Aggressionen ab
Hyperaktivität	zu viel Yin und Yang	Reduzieren von Fleisch, Eiern, Salz, süßen Lebens-mitteln und Gewürzen	Entspannende Aktivitäten wie Lesen oder Malen und aktiven Sport, um das Kind zu ermüden

Babygesicht *Große Augen, eine Stupsnase und Pausbacken sind typisch für das klassische Babygesicht. Laut amerikanischer Studien behandeln Er-wachsene Kinder mit Babygesichtern mit mehr Nachsicht als Kinder, die rei-fer aussehen. Als Ergebnis sind diese Kinder später oft träumerisch und ha-ben weniger Ehrgeiz.*

Reifer aussehende Kinder mit einem starken Kiefer und kleineren Augen wer-den meist schwerere Aufgaben gestellt und sie werden stärker bestraft; das kann zu einer realistischeren und widerstands-fähigeren Lebenseinstellung führen.

Ihr Berufsleben

Die Gesichtsdiagnose ist eine unschätzbare Hilfe im Berufsleben. Sie zeigt Ihnen, welche Arbeit am besten zu Ihren Talenten und Ihrer Persönlichkeit passt und hilft Ihnen, sich bei Bewerbungsgesprächen besser zu präsentieren. Ihr Wissen aus der Gesichtsdiagnose kann außerdem Ihre Beziehungen zu Vorgesetzten, Kollegen und Kunden verbessern.

Die Kunst der Gesichtsdiagnose kann eine Schlüsselrolle im Berufsleben spielen, denn sie unterstützt die Kommunikation und das Verständnis zwischen Arbeitnehmer und Arbeitgeber. Eine Yang-Person wird sich sehr wahrscheinlich direkt und klar ausdrücken und sehr genaue Fristen setzen, während ein Mensch mit viel Yin vielleicht lieber über das Inhaltliche eines Vorhabens diskutiert. Wenn Sie wissen, ob Ihr Chef oder Ihre Kollegen eher Yin oder Yang sind, können Sie leichter mit Ihnen zusammenarbeiten und eine harmonischere Arbeitsatmosphäre schaffen.

Wenn Sie an Ihrer Arbeitsstelle mit Kunden zu tun haben, kann auch hier die Gesichtsdiagnose nützlich sein; Sie können Ihr professionelles Auftreten den Bedürfnissen anderer anpassen, und wenn Sie auf diese Weise Vertrauen gewinnen, wird Ihre Arbeit zwangsläufig davon profitieren. Stellen Sie sich beispielsweise vor, als Verkäufer zu arbeiten. Sie können viel besser auf die Kunden eingehen, wenn Sie wissen, ob Sie eher direkt oder eher freundlich und gesprächig sein sollen.

Wenn ein Mensch mit kleinen Augen, nach oben verlaufenden Augenbrauen und einer senkrechten Falte dazwischen Ihren Laden betritt, dürfen Sie nicht vergessen, dass er oder sie Yang ist und am liebsten schnell und effektiv bedient werden möchte, außerdem wahrscheinlich eine genaue Vorstellung von dem Gewünschten hat und von Ihnen nur verlangt, einige Fragen zu beantworten, den Preis zu nennen und den Gegenstand zu verkaufen. Eine Yang-Person kauft schnell und ohne langes Zögern ein, während eine Yin-Person mit großen Augen, vollen Lippen und prägnanten Wangen wahrscheinlich mehr Zeit damit verbringt, sich umzusehen und

Yin- und Yang-Berufe

Wie die Persönlichkeit kann auch ein Beruf eher Yin oder Yang sein. Yin-Berufe verlangen Kreativität, während Yang-Berufe logisches Denken und Präzision erfordern.

YIN	YANG
Priester	Soldat
Künstler	Buchhalter
Designer	Profisportler
Schriftsteller	Programmierer
Fotograf	Bauunternehmer
Stylist	Ingenieur
Musiker	Aktienhändler
Soziale Berufe	Mechaniker
Therapeut	Chirurg
Heiler	Chef

sich über die verschiedenen Produkte beraten zu lassen. Einem Yin-Menschen müssen Sie Ihre ungeteilte Aufmerksamkeit widmen, wenn Sie ihm etwas verkaufen möchten.

Die Gesichtsdiagnose kann auch sehr nützlich sein in arbeitsnahen Situationen wie Bewerbungsgesprächen, Versammlungen, Vorführungen und Vorträge. Sie können hier Ihr umfassendes Wissen über die Gesichtsdiagnose in der Beziehung zu Ihrem Chef und Ihren Kollegen anwenden.

Wenn Sie mit Ihrem Berufsleben nicht zufrieden sind, setzen Sie die Gesichtsdiagnose bei sich selbst ein, um zu alternativen Berufszielen zu finden. Dafür sollten Sie die Prinzipien von Yin und Yang anwenden. Wenn Sie vorrangig Yin sind, fühlen Sie sich vielleicht zu Berufen hingezogen, die mit Menschen zu tun haben und in denen Fantasie gefragt ist – beispielsweise bei künstlerischen Arbeiten oder in der Veranstaltungsorganisation. Wenn sie eher Yang sind, liegen Ihnen Arbeiten, die schnell und genau ausgeführt werden müssen etwa Buchhaltung oder das Bankgeschäft.

Für einige Berufe sollte man zu einem gewissen Grad Yin und Yang sein. Architekten müssen beispielsweise einen Yin-Anteil haben, um kreativ arbeiten zu können, aber die Yang–Züge brauchen sie, um Struktur und Statik eines Gebäudes kalkulieren zu können. Andere Berufe, wie zum Beispiel der des Profifußballers, sind auf Grund von körperlicher Stärke und Präzision offensichtlich eher Yang, während ein Dichter sich auf seinen kreativen Geist verlassen muss und vorrangig Yin sein sollte. Aber auch jeder Yin-Beruf kann Yang werden, wenn die Arbeit unter gewissen Umständen wie Termindruck sehr stressig wird.

Erkennen Sie die Wesenszüge Ihrer Kollegen

Haben Sie Probleme mit einigen Kollegen? Können Sie Ihren Chef nur sehr schwer einschätzen? Wenn ja, werden Ihnen die folgenden Informationen helfen, die unterschiedlichen Charaktere in Ihrem Büro allein durch ihre Gesichtszüge zu erkennen. Dadurch wird es Ihnen viel leichter fallen, die anderen zu verstehen und mit ihnen auszukommen.

Kreativität

Jemand, der kreativ ist und frei denkt, hat meist eine Yin-Natur. Solch einem Menschen fällt es leicht, den Gesamtzusammenhang zu überblicken. Typische Gesichtszüge sind weit auseinander stehende Augen, eine große Stirn, die im oberen Teil stärker hervorragt, und ein ovales Gesicht. Meist ist das Gesicht dieser Menschen im unteren Teil stärker entwickelt. Schauen Sie sich die Augen an. Wache Augen, die sich ständig bewegen und Ohren, die im oberen Teil größer sind, weisen auf einen aktiven Geist hin. Menschen mit einem dieser Gesichtszüge fällt es leicht, sich neue und originelle Ideen auszudenken. Durch einen langen Hals wird dieses kreative Wesen noch verstärkt.

Kontaktfreudigkeit

Jemand, der gerne mit Menschen arbeitet und das Beste aus anderen herausholen kann, ist meist Yin. Die typischen Gesichtszüge sind volle Wangen, eine breite Nase, ein rundes Gesicht und lange, nach unten verlaufende Augenbrauen. Jemand mit diesen Gesichtszügen kann mit anderen auf emotionaler Ebene kommunizieren, ist mitfühlend und kann auf sanfte Weise andere dazu bringen, auf bestimmte Art und Weise zu arbeiten. Ein Mensch mit großen Augen ist aufnahmefähig und ein guter Zuhörer, während jemand mit nach unten verlaufenden Augenbrauen gut in der Gruppe über Ideen diskutieren kann – er liebt Versammlungen, wird gerne mit einbezogen und ist von Natur aus gesellig und extrovertiert.

Pflichtbewusstsein

Jemand, der sich ganz einer Sache hingeben kann, ist meist vorrangig Yang und hat kleine, eng beieinander liegende Augen. Solch ein Mensch kann sich sehr stark an eine Arbeit binden, die ihm gefällt, er wird sie auch gut ausführen und über eine lange Zeit sehr viel Energie dafür aufbringen.

Aber es gibt noch mehr Gesichtszüge, auf die Sie achten können, wenn Sie einen loyalen und hilfsbereiten Mitarbeiter suchen. Jemand, der selten blinzelt, wird sich lange Zeit auf eine Sache konzentrieren können. Oft suchen diese Menschen sich eine Arbeit, für die sie mehrere Jahre studieren müssen, Medizin oder eine akademische Karriere ist hier ideal. Ein ausgeprägter Kiefer ist ein weiteres Zeichen für die Zielstrebigkeit einer Person.

Bestimmtheit

Das Selbstvertrauen, für sich einzutreten, ohne sich um die Folgen zu sorgen, ist eine Yang-Charakteristik. Jemand mit einem eckig geformten Gesicht, einem ausgeprägten Kiefer und Augenbrauen, die nach oben verlaufen mit Falten dazwischen, weiß ganz genau, was er will und drückt sich klar und direkt aus. Dieser Mensch kann aber schroff reagieren, wenn er provoziert wird. Beobachten Sie seine oder ihre Augen; wenn sie klein sind und die betreffende Person kaum blinzelt, wird sie in einer Auseinandersetzung sehr wahrscheinlich nicht nachgeben. Wenn einer Ihrer Kollegen oder Kolleginnen diese Züge aufweist, sollten Sie vorsichtig sein. Wenn Sie selbst in einer wichtigen Versammlung bestimmter auftreten wollen, sollten Sie die Haare kurz oder geschoren tragen, als Frau die Augenbrauen zupfen und als Mann sich einen Stoppelbart wachsen lassen.

Ernsthaftigkeit

Ein Mensch, der seine Ideen sehr ernst nimmt, ist ein Yang-Charakter. Meist haben diese Leute ein eckig geformtes Gesicht mit einer großen Stirn, einem starken Kiefer, dünnen Lippen und kleinen Augen. Im Extremfall, bei zu viel Yang, wird es ihnen schwer fallen, loszulassen. In diesem Fall ist eine Yin-Ernährung angebracht mit viel frischem Obst und Salaten und entspannenden Yin-Aktivitäten, beispielsweise Yoga.

Jemand der die guten Dinge im Leben genießt, ist ein Yin-Typ. Typische Gesichtszüge sind ein großer Mund, volle Lippen und große Augen. Solch ein Mensch wird aufblühen, wenn die Arbeit Spaß macht, und großen Wert darauf legen, mit Gleichgesinnten zusammenzuarbeiten. Dieser Genießer muss allerdings lernen, die Arbeit auch ernst zu nehmen, vor allem, wenn er in der Wirtschaft arbeitet.

Bestimmtheit ausstrahlen

Eine wichtige und oft beängstigende Aufgabe in vielen Berufen sind Reden vor den Kollegen oder Präsentationen für Kunden. Selbstvertrauen und Bestimmtheit sind zwei wichtige Qualitäten, um die Aufmerksamkeit des Publikums zu gewinnen. Der ausgeprägte Kiefer, die großen Ohren und das ordentliche kurze Haar dieses Mannes geben ihm den Anschein von Selbstvertrauen, aber er zieht die Aufmerksamkeit auch durch seine Gestik und Körpersprache auf sich. Seine Brille lässt ihn noch professioneller und einflussreicher aussehen.

Selbstsicherheit

Bestimmtheit, hohe Selbstachtung und Vertrauen in sich selbst sind typische Yang-Charakteristika. Meist haben Menschen mit einem kleine Mund, eng beieinander liegenden Augen und einem dreieckigen Gesicht diese Wesenszüge.

Um das Selbstvertrauen eines Menschen einzuschätzen, versuchen Sie ihm oder ihr intensiv in die Augen zu schauen. Ein Mensch, der von Natur aus selbstbewusst ist, wird den Blick lange halten können, ohne zu zwinkern. Jemand, der oft zwinkert, hat meist wenig Selbstachtung. Auch häufiges Schlucken ist ein Zeichen für Nervosität, Unsicherheit und Mangel an Selbstvertrauen. Schauen Sie sich die Augenbrauen und Ohren an – dicke, lange Augenbrauen und große Ohren sprechen für einen starken Charakter, der Selbstvertrauen ausstrahlt.

Selbstvertrauen ist eine gute Führungseigenschaft und ein Mensch mit diesen Zügen wird auch in aggressiven Geschäftsbereichen Erfolg und Erfüllung finden.

Der ideale Beruf für Sie

Ihre Arbeit macht sehr wahrscheinlich einen großen Teil Ihres Lebens aus. Darum ist es wichtig, dass Sie sich einen Beruf aussuchen, der Ihnen Spaß macht und in dem Sie Erfolg haben können. Aber woher wissen Sie, für welchen Beruf Sie sich eignen? Mit der Gesichtsdiagnose können Sie Ihre natürlichen Talente und Wesenszüge bestimmen und dann den Beruf aussuchen, der am besten zu Ihnen passt.

Wenn Sie beispielsweise große Augen haben, sind Sie von Natur aus gesellig und genießen die Arbeit

Der zielbewusste Arbeiter *Kleine Augen und dünne Lippen weisen auf den Yang-Charakter dieses Mannes hin, der gut unter Termindruck arbeiten kann.*

Ist Ihre Gesichtsform ...
A eckig? **B** rund? **C** oval?

Ist Ihre Stirn ...
A klein und nach hinten verlaufend? **B** rund? **C** groß und senkrecht?

Sind Ihre Augenbrauen ...
A nach oben verlaufend? **B** lang und gerade? **C** nach unten verlaufend?

Sind Ihre Augen ...
A klein? **B** mittelgroß? **C** groß?

Ist Ihre Nase ...
A klein und spitz? **B** mittelgroß?
C groß und breit an der Nasenwurzel?

SIND SIE EHER YIN ODER YANG?

Wenn Sie alle Fragen beantwortet haben, zählen Sie die A-, B- und C-Punkte zusammen. Wenn Sie mehr als fünfmal mit A beantwortet haben, sind Sie eher ein Yang-Charakter, bei fünfmal oder öfter B sind Sie zwischen Yin und Yang ausbalanciert, wenn Sie fünfmal oder öfter mit C geantwortet haben, sind Sie vorrangig Yin. Je öfter Sie mit dem gleichen Buchstaben geantwortet haben, desto stärker liegt Ihr Charakter in dieser Kategorie. Jetzt wissen Sie, ob Sie ein A-, B- oder C-Typ sind und können in der Analyse nebenan nachschauen, welches Berufsfeld für Sie in Frage kommt. (Aber denken Sie daran, dass das hier nur grobe Verallgemeinerungen sind, die genauen Gesichtszüge sind ausschlaggebend.)

Überwiegend A

Sie sind hauptsächlich Yang und dadurch konzentriert, genau und präzise bei der Arbeit. Sie sind gut organisiert und können andere gut anleiten, d. h. Sie übernehmen gerne Führungsaufgaben. Sie sind sehr entgegenkommend und lieben größere Verantwortung. Wahrscheinlich arbeiten Sie am liebsten in einer strukturierten Umgebung, in der es einen bestimmten Rhythmus und klar verteilte Aufgaben, Fristen und Ziele gibt.

Passende Berufe: *Buchhalter/in, Bankangestellter/in, Bauarbeiter/in, Computerprogrammierer/in oder Wissenschaftler/in.*

mit vielen Menschen. Sie sollten sich deshalb für einen Beruf entscheiden, der zu diesen Zügen passt – eine Arbeit in der Gastronomie beispielsweise oder in der Unterhaltung.

Wenn Sie zurzeit eine Arbeit machen, die nicht zu Ihrem Wesen passt, sollten Sie mit der Gesichtsdiagnose sich und ihren momentanen Beruf neu einschätzen und sich dann gezielt nach etwas umsehen, das besser zu Ihnen passt.

Der Fragebogen unten hilft Ihnen herauszufinden, welche Arbeit Ihnen am meisten liegt. Jede Frage bezieht sich auf Ihre Gesichtszüge, Sie sollten alle ehrlich beantworten; falls Sie Schwierigkeiten haben, sich selbst gegenüber objektiv zu sein, bitten Sie einen Freund, Ihnen zu helfen.

Sind Ihre Augen …
A eng beieinander? **B** normal? **C** weit auseinander?

Sind Ihre Wangen …
A eingefallen? **B** flach? **C** voll?

Ist Ihr Mund …
A klein? **B** durchschnittlich? **C** groß?

Sind Ihre Lippen …
A dünn? **B** durchschnittlich? **C** voll?

Ist Ihr Kinn …
A weiter vorne als die Oberlippe? **B** in Linie mit der Oberlippe?
C weiter hinter als die Oberlippe?

Der natürliche Führer *Ein breites eckiges Kinn weist auf einen starken, entschiedenen und machtbewussten Menschen hin, der auch in einer Krise noch ruhig und pragmatisch handelt.*

Überwiegend B

Sie sind ein ruhiger Mensch, der einen ausgeglichenen Lebensansatz und einen gesunden Menschenverstand hat . In vielen Situationen werden Sie sich in der Mitte wiederfinden, dadurch sind Sie besonders hilfreich bei der Klärung von Streitigkeiten, können das Management auf einen sicheren Kurs bringen und werden nicht abgelenkt oder aus der Bahn geworfen. Durch Ihre vernünftige Art und Ihre praktischen Ideen helfen Sie anderen oft in Krisen. Im Allgemeinen arbeiten Sie gut im Team und sind eine gute Stütze.

Passende Berufe: *Personalleiter/in, Lehrer/in, Politiker/in, Geschäftsmanager/in oder Verwaltungsbeamter/in.*

Überwiegend C

Wenn Sie fünfmal oder öfter mit C geantwortet haben, sind Sie vorrangig Yin. Ihre größte Stärke ist Ihre Kreativität, Ihre Fantasie und das Entwickeln neuer Ideen. Sie können allem, was Sie tun, eine künstlerische Note geben. Meist sind Sie aufmerksam, sanft und umsorgend; deshalb fühlen sich die Menschen sehr wohl in Ihrer Nähe. Wahrscheinlich ziehen Sie eine freie Arbeit vor, in der Sie Ihre Aufgaben erledigen können, wann und wie Sie wollen. Ihr offenes Wesen bedeutet, dass Sie andere niemals ungerecht beurteilen.

Passende Berufe: *Soziale Berufe, Schriftsteller/in, Künstler/in, Musiker/in, Designer/in oder Schauspieler/in.*

Erfolgreiche Vorstellungsgespräche

Sie haben eine Anzeige in der Zeitung gelesen, Ihre Bewerbung weggeschickt und stehen kurz vor dem Vorstellungsgespräch – Sie sind so nahe an der neuen Stelle, wie können Sie einen guten Eindruck auf den Personalchef machen? EineTechnik ist das *Spiegeln*, mit dem Sie Einfühlungsvermögen und das Verständnis Ihres Gegenübers gewinnen können.

Die „Spiegel"-Technik

Im Grunde genommen besteht diese Technik aus dem Kopieren des Gesichtsausdrucks Ihres Gegenübers. Wenn Ihr Gegenüber die Stirn runzelt oder ernst schaut, sollten auch Sie ernst werden. Der Erfolg der Spiegeltechnik besteht in der Fähigkeit, den Ausdruck zu kopieren, ohne dabei aufdringlich zu wirken.

Beobachten Sie die Augenbewegungen Ihres Gegenübers. Halten Sie den Augenkontakt so lange, wie er ihn hält. Wenn er oder sie wegschaut, sollten auch Sie Ihren Blick abwenden, aber sobald Ihr Gegenüber wieder bereit ist, sollten Sie den Blickkontakt wieder

aufbauen, sonst sieht es aus, als wären Sie nicht mehr konzentriert oder gelangweilt.

Dann beobachten Sie den Gesichtsausdruck Ihres Gegenübers. Je mehr Sie den Ausdruck spiegeln können, desto besser können Sie miteinander umgehen. Wenn Sie Lächeln mit einem Lächeln beanworten, wirken Sie freundlich und offen und interessiert am Gesprächsstoff.

Allerdings muss diese Spiegeltechnik geübt werden. Es ist schwierig, den Gesichtsausdruck zu kopieren und sich gleichzeitig auf das Gespräch zu konzentrieren, versteifen Sie sich also nicht zu sehr darauf – es ist wichtiger, aufmerksam zuzuhören, damit Sie gut antworten können. Eine kurze Warnung: Einige Personalberater und Personalchefs sind darauf trainiert, die Bewerber zu spiegeln, damit sie sich wohl fühlen – es könnte also sein, dass Sie sich gegenseitig spiegeln!

Der Yin- oder Yang-Befrager

Zusätzlich zur Spiegeltechnik sollten Sie auch das Yin- und Yang-Konzept auf Ihren Befrager anwenden *(s. S.*

Stellen Sie eine Verbindung her
Mit der Spiegeltechnik können Sie in sehr kurzer Zeit eine gute Beziehung zu Ihrem Befrager aufbauen. Dabei wird der Gesichtsausdruck und die Gestik des Gegenübers kopiert – Sie nicken zum Einverständnis mit dem Kopf und wirken ernst, wenn Ihr Gegenüber ernst wird. Dadurch hinterlassen Sie den Eindruck, gut zuzuhören und mit dem einverstanden zu sein, was Ihr Gegenüber sagt. Das hilft wiederum, ein Gefühl der Übereinstimmung zwischen Ihnen und Ihrem Interviewer aufzubauen.

16–19). Beim Betreten des Raumes machen Sie eine kurze Gesichtsdiagnose und stellen fest, ob Ihr Interviewer eher Yin oder Yang ist. Dadurch können Sie mit ihm am besten kommunizieren und am besten auf ihn eingehen.

Wenn Sie festgestellt haben, dass er oder sie Yang ist, sollten Sie die Fragen direkt und offen beantworten und zeigen, dass Sie genaue Vorstellungen von Ihrem Berufsleben haben. Sie sollten respektvoll, verantwortungsbewusst, ehrgeizig und enthusiastisch auftreten, denn diese Eigenschaften einer Führungskraft machen den besten Eindruck auf eine Yang-Persönlichkeit.

Wenn Ihr Befrager eher Yin-Gesichtszüge hat, wird er oder sie mehr über Ihre sozialen Fähigkeiten und Ihr Wesen erfahren wollen. Hier ist Ihre Meinung über bestimmte Probleme gefragt, auch Ihre Gefühle sind wichtig, versuchen Sie also, so offen wie möglich zu sein. Versuchen Sie auch, schon früh im Gespräch emotionale Bindungen zu schaffen, denn das könnte wichtig sein.

Natürlich sind gute Manieren und Höflichkeit unerlässlich. Außerdem sollten Sie Ihre kreative Ader zeigen und signalisieren, dass Sie fähig sind, neue und originelle Ideen zu kreieren.

Einstellung und Verhalten Wenn Sie wissen, ob Ihr Befrager eher Yin oder Yang ist, können Sie sich danach richten. Offenheit und Kreativität gefallen einem Yin-Befrager, während ein Yang-Interviewer Direktheit und Ernsthaftigkeit bevorzugt.

Verhalten und Einstellung

YIN	
Offenheit	Direktheit
Plauderton	Freimütigkeit
Gefühle	Selbstvertrauen
Kreativität	Enthusiasmus
Spaß haben	Ernsthaftigkeit
Ausdruckskraft	Ehrgeiz
	YANG

Körpersprache
Lächeln und eine ausdrucksreiche Handgestik beim Gespräch gefallen einem Yin-Befrager. Wenn er einen Yang-Charakter hat, ist es besser, formal aufzutreten – runzeln Sie die Stirn, um zu zeigen, dass Sie das Gespräch ernst nehmen und lehnen Sie sich nach vorn.

Körpersprache

YIN	
Lächeln	Augenkontakt halten
Lachen	Nach vorn lehnen
Mit den Händen gestikulieren	Ernst schauen
	Wenige Handgesten verwenden
	YANG

Tipps für das Gespräch

Gesichtsdiagnose und Spiegeltechnik sind gute Techniken für das Vorstellungsgespräch, aber es gibt noch andere Regeln, die man befolgen sollte.

• Augenkontakt halten

• Kein übertriebenes Make-up

• Lächeln

• Gerade sitzen

• Auf dem Stuhl nach vorn lehnen – das zeigt Enthusiasmus

• Den Mund nicht mit den Händen bedecken – das zeigt Nervosität und hindert beim Reden

• Auf ordentliche Kleidung achten

• Die Augen nicht wandern lassen – das wirkt gelangweilt oder desinteressiert

Effektive Teambildung

Die gute Zusammenarbeit eines Teams kann für einen Betrieb lebenswichtig sein. Durch die Gesichtsdiagnose können Sie Ihre Kollegen einschätzen und herausfinden, wer mit wem gut zusammenarbeitet.

Bei der Zusammenstellung eines Teams ist es wichtig, einen Ausgleich zwischen Yin- und Yang-Teilnehmern anzustreben. Dann wird der kreative und fantasievolle Geist von Yin mit dem praktischen und genauen Handeln von Yang gepaart. Dieses Team hat dann auch die Dynamik und gegenseitige Herausforderung, um bessere Produkte zu schaffen oder einen besseren Service zu leisten.

Jedes gute Team besteht aus einem Leiter, einem Vermittler, einem Organisator, einem Problemlöser, einem kreativen Geist und einem Verkäufer. Die Informationen unten sollen Ihnen helfen, ein ideales Team zusammenzustellen.

LEITER

Entschlossenheit, Ehrgeiz und Selbstvertrauen machen eine Yang-Persönlichkeit zu einem natürlichen Anführer. Aber der Leiter eines Teams sollte auch unabhängig, objektiv und unparteiisch sein. Am geeignetsten ist jemand mit vollen Wangen, einer langen und breiten Nase und nach unten verlaufenden Augenbrauen. Dieser Mensch ist allen Teammitgliedern gegenüber verständnisvoll und kommt gut mit Menschen zurecht: Er ist umgänglich und zeigt Interesse an anderen. Ein weiterer wichtiger Gesichtszug ist ein rundes Gesicht – das ist ein Zeichen dafür, dass dieser Mensch ausgeglichen ist und eine gesunde Lebenseinstellung hat. Er wird versuchen, alle Teammitglieder in die Diskussionen mit einzubeziehen.

Wenn Sie außerdem noch nach einem Leiter suchen, der in seinen Gedanken unabhängig ist, achten Sie auf eine große Stirn. Große Ohren sind ein Zeichen für Weisheit und Führungskraft; in traditionellen Gesellschaften wurden die Anführer nur auf Grund der großen, gut entwickelten Ohren ausgesucht.

VERMITTLER

Yin-Charaktere sind meist gute Vermittler. Achten Sie auf große Augen, sie zeigen, dass der- oder diejenige sehr gut zuhören kann. Andere wichtige Gesichtszüge sind lange Augenbrauen und volle Lippen. Ein Mensch mit diesen Merkmalen wird geduldig sein und auch ruhig bleiben, wenn die Verhandlungen schwierig werden. Wenn Sie aber meinen, in Ihrem Team jemanden zu brauchen, der in der Verhandlung hartnäckig und zielorientiert ist, sollten Sie nach einem Yang-Charakter mit einem starken, vorstehenden Kiefer Ausschau halten.

KREATIVER GEIST

Kreativität und Vorstellungskraft sind lebenswichtig für den Erfolg eines Betriebes. Ein Mitglied Ihres Teams sollte kreativ und gut in der Entwicklung neuer Ideen sein. Halten Sie Ausschau nach jemandem mit Yin-Gesichtszügen wie weit auseinander liegende Augen und einer großen Stirn, die im Profil senkrecht und gerade ist.

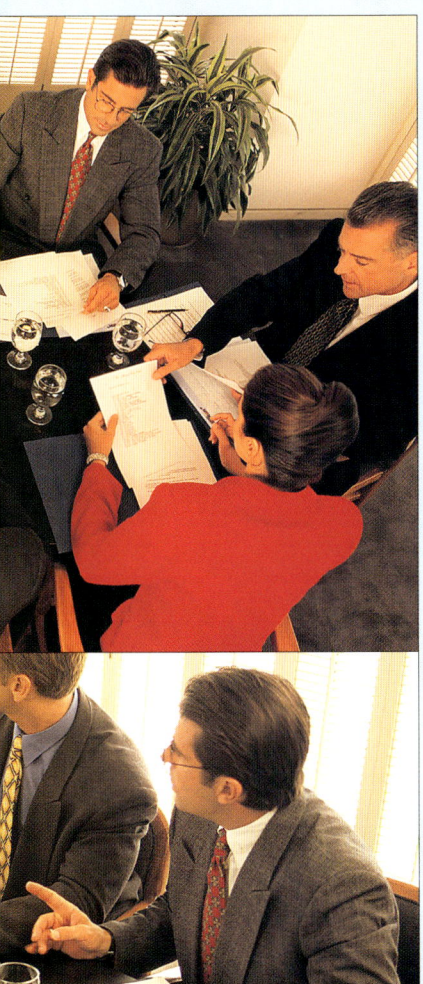

ORGANISATOR

Die Organisation ist sehr wichtig für eine erfolgreiche Teamarbeit. Die beste Person für diese Position finden Sie in einem Yang-Charakter mit kleinen Augen, dünnen Lippen und einem kleinen Mund. Dieser Mensch hat eine zielgerichtete Einstellung, ist genau in der Arbeit und bemüht sich, immer alles richtig zu machen. Ein anderes wichtiges Merkmal ist ein eckig geformtes Gesicht, das auf organisatorische Fähigkeiten und eine gute Vorausplanung hinweist, sowie eine lange, gerade Nase, die einen sehr ordentlichen und organisierten Geist verrät.

PROBLEMLÖSER

Wenn Probleme auftreten, ist es gut, jemanden dabei zu haben, der leicht logische und praktische Lösungen findet. Hierfür eignen sich am besten Yin-Charaktere.

Ein natürlicher Problemlöser hat meist ein ovales Gesicht, eine hohe Stirn und große Augen. Diese Merkmale weisen auf jemand hin, der oft originelle und innovative Lösungen findet. Ein anderer wichtiger Gesichtszug sind weit auseinander liegende Augen – dieses Merkmal haben meist Menschen, die fähig sind, die gesamten Konsequenzen des Problems und der Lösung zu überschauen.

VERKÄUFER

Jeder Betrieb braucht jemanden, der die Produkte fördert oder verkauft. Der beste Kandidat für diesen Posten ist ein Mensch, der gut reden und vor Kunden frei sprechen kann.

Die ideale Marketingperson hat ein rundes Gesicht, volle Wangen und lange, nach unten verlaufende Augenbrauen. Achten Sie darauf, ob die Augenbrauen zudem noch buschig sind; wenn ja, wird der Mensch eine sehr starke und überzeugende Persönlichkeit haben, also ideal für die Werbung oder den Verkauf der Produkte.

Coco Chanel

Ihr starker Kiefer und ihre herausragende Nase zeigen ihre starke Antriebskraft und Durchsetzungsfähigkeit. Ihre weit auseinander liegenden Augen sind ein Zeichen für Kreativität und Weltoffenheit.

Bill Gates

Er handelt ausgeglichen und hat viele neue Ideen, was in seinem runden Gesicht und seinen großen Augen reflektiert wird. Seine herausstehende Nase spricht für seinen Erfolgswillen.

Jetzt haben Sie Ihr eigenes Wesen sehr
gut erforscht und können beginnen,
Ihre Lebensweise umzustellen, damit
Sie Gesundheit und Wohlbefinden
erreichen. Eine Änderung Ihrer
Ernährung und Ihrer Gedankenwelt,
mehr frische Luft und Bewegung
sowie zusätzliche alternative Therapien
lassen Sie in Zukunft nur noch Ihr
bestes Gesicht zeigen, täglich
und in jeder Situation

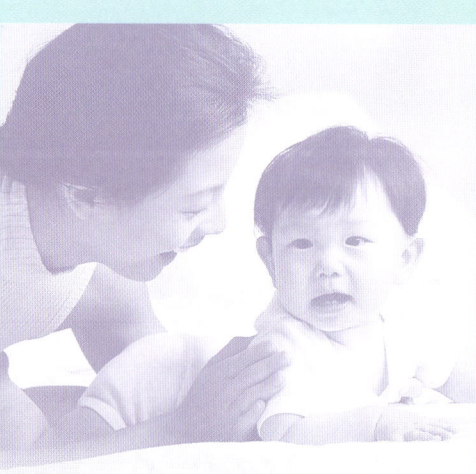

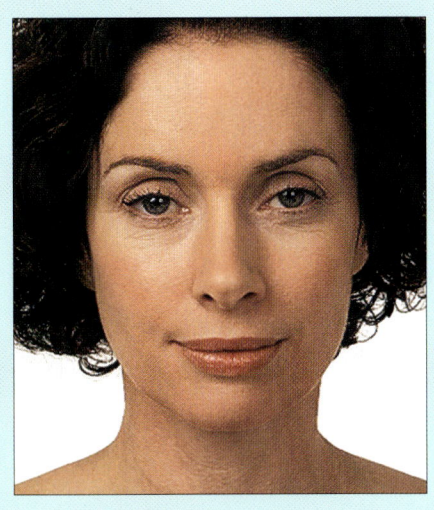

Machen Sie
das Beste aus sich

3

Gesicht und Gesundheit

Die Gesichtsdiagnose hilft nicht nur, sich selbst, den Partner, Freunde, Familie und Kollegen besser zu verstehen, sondern ist auch nützlich für die Einschätzung der eigenen Gesundheit. Durch die Kenntnis der Gesichtszüge können Sie eine ganze Anzahl langfristiger und kurzfristiger Gesundheitsbeschwerden erkennen und vermeiden.

Wenn Sie Ihre Gesundheit oder den Grund einer gesundheitlichen Beschwerde oder Krankheit einschätzen wollen, müssen Sie zuerst feststellen, ob Sie eher Yin oder Yang sind. Das ist wichtig in Bezug auf Ihre Konstitution und in Bezug auf Ihren momentanen Zustand. Ihre Konstitution wird dadurch bestimmt, ob Sie eher als Yin- oder als Yang-Charakter geboren sind. Die Konstitution verändert sich während des Lebens nicht gravierend, aber hat Auswirkungen auf die Wahrscheinlichkeit für bestimmte Krankheiten. Jemand, der konstitutionell Yang ist, ist anfälliger für trockene Haut, während ein Mensch mit Yin-Konstitution eher anfällig für Erkältungen ist. Ihr momentaner Zustand kann sich von Tag zu Tag ändern – zu viel Alkohol am Abend lässt Sie am Tag darauf schwach und zu sehr Yin sein. Wenn Sie erst einmal Ihre Konstitution und Ihren momentanen Zustand eingeschätzt haben, können Sie Ihre Lebensweise entsprechend verändern und so die Beschwerden beseitigen.

Sind Sie konstitutionell eher Yin oder Yang?

Untersuchen Sie Ihre Gesichtszüge, um festzustellen, ob Sie eher Yin oder Yang sind. Ein ovales Gesicht, große Augen und volle Lippen zeigen, dass Sie eher Yin sind, während ein eckig geformtes Gesicht, nahe beieinander liegende Augen und dünne Lippen auf Yang hinweisen. Wenn Sie eher Yin sind, sollten Sie zu viel Yin vermeiden, um das Risiko von gesundheitlichen Yin-Beschwerden wie Durchfall abzuwehren. Sie sollten süße Lebensmittel, Inaktivität und eine kalte, feuchte Umgebung vermeiden, das könnte für Sie schädlich sein.

Um Ihre Qi-Energie auszubalancieren, sollten Sie Salz und Fisch in Ihre Ernährung aufnehmen, sich körperlich mehr anstrengen und Sport treiben – das ist vorrangig Yang und wirkt kräftigend auf Sie. Wenn Sie aber eher zu Yang tendieren, sollten Sie vermeiden, noch mehr Yang zu werden, das heißt, Sie sollten den Verzehr von Fleisch und salziger Nahrung einschränken, Stress in Ihrem Leben reduzieren und jeden Streit vermeiden, all das erhöht das Risiko von Yang-Beschwerden. Versuchen Sie, Entspannungsübungen wie Yoga oder Meditation in Ihr Leben aufzunehmen, um Geist, Körper und Seele zu beruhigen. Außerdem sollten Sie mehr frisches Obst und Flüssigkeit zu sich nehmen.

Ihre tägliche Gesundheit

An einigen Tagen werden Sie feststellen, dass Sie sich angespannt, gereizt und aggressiv fühlen – Yang-Wesenszüge –, während sie an anderen Tagen lethargisch, überempfindlich und depressiv sind – Yin-Wesenszüge. Diese tägliche Veränderung der Yin-Yang-Stimmungen können Sie auf Ihrem und auf dem Gesicht von anderen Leuten erkennen. Wenn Sie mit jemandem zusammenleben – Partner oder Mitbewohner –, beobachten Sie aufmerksam dessen Gesicht über den Tag hinweg. In Zeiten von Anspannung achten Sie darauf, wie sich die Gesichtszüge verändern im Vergleich zu Zeiten, an denen er oder sie offensichtlich entspannt und glücklich ist. Dadurch lernen Sie, die feinen Veränderungen von Entspannung und Yin bis hin zu Aktivität und Yang zu erkennen.

Mit einiger Übung werden Sie sogar schon das Aufkommen eines extremen Yin- oder Yang-Zustands wie Depression oder Frustration erkennen und dann vielleicht rechtzeitig helfen können, diese gesundheitliche Beschwerde durch eine Veränderung der Ernährung oder durch Aktivität zu vermeiden (s. S. 114–121).

Im Allgemeinen erscheinen Ihre Gesichtszüge angespannt, verzerrt und verkniffen, wenn Sie zu sehr Yang sind. Ihre Haut sieht aus, als ob Sie in die Wangenknochen versinkt, Ihre Lippen sind leicht zusammengepresst und Ihre Augen haben eventuell einen starren Blick. Wenn Sie feststellen, dass Sie oft die Stirn runzeln oder dass die senkrechte Falte zwischen den Augenbrauen tiefer geworden ist, hat Ihr Yang zugenommen. Insgesamt wirkt Ihr Gesicht steifer, als ob Sie bestimmte Mienenspiele nicht mehr ausführen können.

Wenn Sie zu sehr Yin geworden sind, wird Ihr Gesicht leblos, schlaff und aufgedunsen erscheinen. Vielleicht werden Sie auch bemerken, dass Sie Ihren Mund öfter offen stehen lassen, dass Ihre Augen träumerischer und unscharf sind und dass Ihre Haut feucht und schwitzig erscheint. Eine blasse Lippenfarbe, schlaffe Augenlider, ein Belag auf der Zunge sowie Schwellungen direkt unter dem Auge sind Zeichen für zu viel Yin. Sie merken, dass Ihnen die Energie fehlt für den lebhaften Gesichtsausdruck, den Sie haben, wenn Sie ganz gesund sind.

Um das ursprüngliche Yin-und Yang-Gleichgewicht wieder herzustellen, müssen Sie Ihre Lebensweise entsprechend umstellen – eine Veränderung der Ernährung (s. S. 114–117), andere Sportarten und Hobbys (s. S. 120–121) und eine Umstellung Ihres Denkens (s. S. 122–123) wird Ihnen helfen, Ihre Gesundheit und Ihr Wohlbefinden wieder herzustellen.

Yin- und Yang-Beschwerden

Die Liste unten zeigt Gesundheitsbeschwerden, die durch zu viel Yin oder zu viel Yang verursacht werden:

Zu sehr Yin

Lethargie

Frösteln

Infektiöse Erkrankungen

Durchfall

Schwellungen

Feuchte Haut

Kopfschmerzen (vorn)

Aufgeblähter Bauch

Kalter Schweiß

Zu sehr Yang

Steifheit

Hoher Blutdruck

Kleinere Unfälle

Verstopfung

Trockener Mund

Trockene Haut

Kopfschmerzen (hinten)

Appetitverlust

Verspannungen im Bauch

Kleidung und Accessoires

Die Kunst der Gesichtsdiagnose gibt Ihnen wertvolle Informationen über Ihren eigenen Charakter und ermöglicht es Ihnen, Ihre Stärken und Schwächen zu erkennen. Nach dieser Selbstkenntnis können Sie dann die positiven Aspekte Ihrer Persönlichkeit zeigen. Am einfachsten geschieht dies über Ihre Kleidung.

Zweifellos haben Kleidung und Accessoires eine tief greifende Wirkung auf unsere Stimmung – sie stärken unser Selbstvertrauen, lassen uns selbstsicherer auftreten und helfen bei der Entspannung. Das, was Sie tragen, hat auch einen großen Einfluss auf Ihr Gegenüber. Ein dunkles und gut sitzendes Kleid wird jeden potenziellen Arbeitgeber oder Kunden beeindrucken, während ein pastellfarbenes, fließendes Gewand Freundlichkeit ausstrahlt.

Wenn Sie Ihr Persönlichkeitsbild durch Kleidung verändern wollen, sollten Sie wissen, welcher Stil und welche Farbe Sie eher Yin oder Yang erscheinen lässt. Die Form Ihrer Armbanduhr oder die Farbe Ihres Hemdes hat auch einen Einfluss auf Ihr persönliches Qi – Sie werden nicht nur von anderen anders behandelt, es verändert auch Ihre eigene Stimmung. Wenn Sie selbstsicherer auftreten oder bei der Arbeit ernst genommen werden wollen, kann eine Brille helfen – am besten rund mit Metallrahmen.

Stellen Sie Ihre Kleidung und Accessoires so zusammen, dass Sie nach Situation und eigener Stimmung die bestmögliche Wirkung erreichen.

Anpassen der Garderobe

Stoff, Stil und Farbe Ihrer Kleidung kann Ihre Qi-Energie beeinflussen. Tragen Sie immer natürliche Materialien; synthetische Fasern sollten Sie meiden, weil sie den Fluss der Qi-Energie um Ihren Körper herum behindern und Sie müde und unmotiviert werden lassen.

Um Ihr Organisationstalent herauszuheben oder tatkräftiger zu erscheinen, sollten Sie am besten Leder, Wolle oder Seide tragen. Diese Stoffe fördern die Yang-Qualitäten. Umgekehrt können Baumwolle oder Leinen Ihre Yin-Qualitäten wie Kreativität, Empfindsamkeit und Kommunikation stärken. Wenn es anderen schwer fällt, mit Ihnen zu reden, sollten Sie öfter und vor allem bei gesellschaftlichen Zusammenkünften Kleidungsstücke aus diesen Stoffen wählen.

Aber auch Farbe und Stil haben einen Einfluss auf Ihre Ausstrahlung. Rot, Purpurrot, Orange und Gelb wirken energetisierend und haben eine starke Wirkung auf andere Menschen. Um diesen Yang-Eindruck noch zu verstärken, sollten Sie eng anliegende Kleidung mit großen Mustern tragen. Weiche Pastellfarben fördern dagegen Ihre kreativen und sozialen Fähigkeiten. Wenn diese Kleidung auch noch sehr locker und weit ist und kleine Muster hat, wird Ihr Yin noch mehr unterstrichen.

Accessoires für den Erfolg

Gürtel, Uhren, Schmuck, Manschettenknöpfe und Schuhe können Ihre Erscheinung und Ihre Stimmung grundlegend verändern. Zubehör aus hartem, schwerem Material wie Metall wirkt sehr Yang, während weiche, leichte Materialien Yin sind. Eine glänzende Oberfläche ist Yang, während eine matte Oberfläche Yin ist. Leuchtende Farben wie Rot, Orange, Gelb und Purpurrot haben eine aktive, stimulierende Yang-Wirkung und lassen Sie dynamisch erscheinen. Wenn Sie aber friedfertig, entspannt, romantisch und eher Yin wirken möchten, sollten Sie weiche Pastellfarben wie ein blasses Blau oder Grün wählen.

Schmuck mit runden Formen oder runde Brillen geben Ihnen eine sensible Ausstrahlung, während Manschettenknöpfe oder Broschen mit kantigen Formen Sie eher Yang erscheinen lassen. Außerdem können symbolische Accessoires wie eine drachenförmige Gürtelschnalle sehr viel Einfluss darauf haben, wie Sie von anderen behandelt werden.

Die Wirkung von Accessoires

Eine glitzernde Kette oder eine runde Brille kann eine tief greifende Wirkung auf Ihr Aussehen und Ihre Stimmung haben. Durch die Accessoires können Sie freundlicher und zugänglicher wirken – beides Yin-Züge – oder bestimmter und selbstsicherer – vorrangig Yang-Charakteristika. Die Liste unten zeigt Ihnen, welche Form, Farbe oder welcher Stil eines Accessoires Sie eher Yin oder Yang erscheinen lässt.

	YIN	YANG
Brille	Ovale oder gestreckte Form, pastellfarbener Rahmen, Linsen, die das Auge größer erscheinen lassen	Runde oder eckig geformt, glänzend oder leuchtend gefärbter Rahmen, reflektierende Linsen
Schmuck	Holzperlen oder Perlen; weiche Metalle wie Gold; pastellfarben, locker anliegend; birnenförmig oder gestreckte Form	Hartes Metall oder andere glänzende Materialien, harte Steine wie Diamant, enge Halsketten, leuchtend farbig, kugelförmig oder rund
Haarschmuck	Pastellfarbene Stoffbänder, die das Haar nur locker zusammenhalten	Metall oder leuchtend farbig, die das Haar eng zusammenbinden
Manschettenknöpfe	Kein glänzendes Material; ovale Form	Metall oder andere glänzende Materialien, eckige Form
Gürtel	Stoffmaterialien mit einer weichen Schnalle	Glänzendes Material mit Metallschnalle
Uhren	Ovale Form, Stoffband	Runde oder eckige Form, glänzendes Band
Krawatten	Pastellfarben mit fließendem, unregelmäßigem Muster	Leuchtend farbig mit großen, sich wiederholenden oder geometrischen Mustern
Schuhe	Weiche Segeltuchschuhe, flache Absätze	Glänzendes Leder, hohe Absätze

Ernährung und Gesundheit

„Du bist, was du isst", dieser Satz wird sehr oft in Gesundheitsmagazinen zitiert und hat sicher einen wahren Kern. Die Nahrung, die Sie essen, wirkt auf Ihr persönliches Qi und verändert Ihre Stimmungen, Ihre Gefühle und Ihren Energiegehalt, sodass Sie stärker zu Yin oder Yang tendieren.

Alle Nahrungsmittel sind entweder mehr Yin oder mehr Yang. Die Form, Farbe und Struktur der Nahrung sowie Klima, Bodenbeschaffenheit und Wachstum bestimmen, ob die Nahrung mehr Yin oder Yang ist. Durch die richtigen Lebensmittel können Sie den Fluss Ihrer Energie entweder Richtung Yin oder Yang verändern. Wenn Sie sich zum Beispiel unmotiviert, unsicher und depressiv fühlen, sollten Sie mehr Yang-Nahrung verzehren – ein Rinderbraten (Fleisch!!!) mit Reis hilft, Ihren Energiegehalt wieder aufzufrischen und baut Ihr Engagement wieder auf. Sie sollten dann auch Nahrungsmittel mit viel Yin-Energie vermeiden, etwa Süßigkeiten und Limonaden. Denken Sie daran, je mehr Yang-Nahrungsmittel Sie verzehren, desto stärker wird Ihre Lust auf Yin-Nahrung und umgekehrt. Wenn Sie trockene, salzige Snacks essen, bekommen Sie beispielsweise Appetit auf erfrischende und süße Getränke. Damit Sie sich erfolgreich in Richtung Yin oder Yang entwickeln können, müssen Sie vorsichtig und langsam Ihre Ernährung verändern, um so starke Gelüste auf die Nahrungsmittel zu vermeiden, die der Grund Ihres Übels sind.

„DU BIST, WAS DU ISST"

Die Nahrung, die Sie essen, die Art und Weise, wie sie zubereitet und gewürzt wird, kann den Fluss der Qi-Energie verändern und dadurch eine starke Wirkung auf Ihre Gesundheit und Ihr Wohlbefinden ausüben.

In der folgenden Liste (sie beginnt beim stärksten Yin oben und endet beim stärksten Yin unten) werden die Yin- und Yang-Nahrungsmittel, die Zubereitung und die Gewürze aufgeführt – Sie sollten versuchen, eine Mischung aus dem stärksten Yin und Yang in jeder Kategorie zusammenzustellen, um eine gesunde und ausgeglichene Ernährung zu erhalten.

ZU EMPFEHLEN

Wenn Sie Ihre Mahlzeiten aus diesen Lebensmitteln herstellen, die wenig Fett und viel Nährstoffe enthalten, besteht keine Gefahr, zu sehr Yin oder Yang zu werden.

YIN
Flüssigkeit
Obst
Nüsse und Samen
Tofu
Grünes Blattgemüse
Wurzelgemüse
Bohnen
Maiskolben
Polenta
Couscous
Getreide – brauner Reis, Haferbrei, Nudeln, Brot etc.
Fisch
Meersalz
YANG

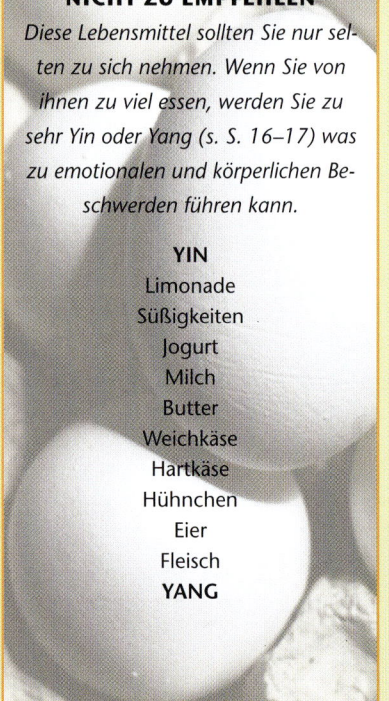

NICHT ZU EMPFEHLEN

Diese Lebensmittel sollten Sie nur selten zu sich nehmen. Wenn Sie von ihnen zu viel essen, werden Sie zu sehr Yin oder Yang (s. S. 16–17) was zu emotionalen und körperlichen Beschwerden führen kann.

YIN
Limonade
Süßigkeiten
Jogurt
Milch
Butter
Weichkäse
Hartkäse
Hühnchen
Eier
Fleisch
YANG

Beschwerden lindern über die Ernährung

Wenn Sie durch die Gesichtsdiagnose festgestellt haben, dass Sie vorrangig Yang sind, ist Ihnen vielleicht schon aufgefallen, dass Sie schnell besorgt, frustriert oder gestresst sind. Dies können Sie ändern, indem Sie Ihre Ernährung umstellen. Versuchen Sie mehr Yin-Gerichte wie Tofu oder frischen Obstsalat in Ihre tägliche Ernährung aufzunehmen. Diese Gerichte helfen Ihnen bei der Entspannung und bauen Stress ab, sodass Sie geduldiger und verständnisvoller werden.

Wenn Sie sich schon längere Zeit emotional oder köperlich nicht in Form fühlen, sollten Sie Ihre tägliche Ernährung überprüfen, sie kann dazu geführt haben, dass Sie zu sehr Yin oder Yang sind. Fühlen Sie sich lethargisch, unmotiviert oder ohne Grund depressiv? Wenn ja, enthält Ihre Ernährung zu viel Yin etwa Süßigkeiten, Kuchen und Fruchtsäfte. Um Ihr Qi auszubalancieren und Ihnen mehr Lebenskraft zu geben, sollten Sie mehr Yang in Ihre Ernährung aufnehmen – Gerichte wie gesottener Lachs mit Bratkartoffeln und Pastinaken stärken Ihre Yang-Energie und lassen Sie dynamischer und aktiver werden. Vergessen sie aber nicht, auch Yin-Nahrungsmittel zu verzehren, sonst besteht die Gefahr, dass Sie zu sehr Yang werden.

Kochen und Zubereitung

Außer den Zutaten selbst ist auch die Art der Zubereitung sehr wichtig. Im Allgemeinen gilt, je stärker zerkleinert, desto mehr Yin *(s. Liste unten)*. Eine ganze, gebackene Kartoffel ist also stärker Yang als Kartoffelpüree. Tatsächlich ist Kartoffelpüree das beruhigendste Gericht, Sie merken bestimmt, wie ent-

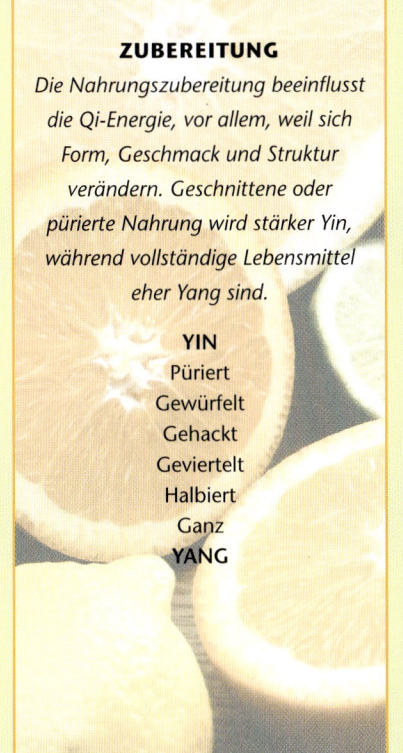

ZUBEREITUNG

Die Nahrungszubereitung beeinflusst die Qi-Energie, vor allem, weil sich Form, Geschmack und Struktur verändern. Geschnittene oder pürierte Nahrung wird stärker Yin, während vollständige Lebensmittel eher Yang sind.

YIN
Püriert
Gewürfelt
Gehackt
Geviertelt
Halbiert
Ganz
YANG

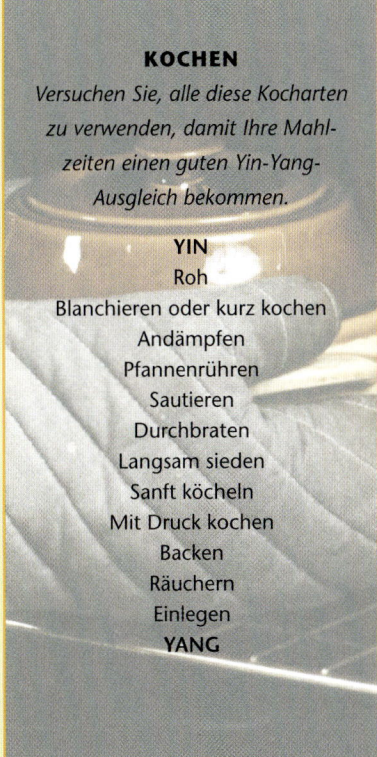

KOCHEN

Versuchen Sie, alle diese Kocharten zu verwenden, damit Ihre Mahlzeiten einen guten Yin-Yang-Ausgleich bekommen.

YIN
Roh
Blanchieren oder kurz kochen
Andämpfen
Pfannenrühren
Sautieren
Durchbraten
Langsam sieden
Sanft köcheln
Mit Druck kochen
Backen
Räuchern
Einlegen
YANG

WÜRZEN

Die Zutaten und die Art des Kochens entscheiden, ob eine Mahlzeit eher Yin oder Yang ist, aber auch die Art des Würzens kann darauf einen Einfluss haben.

YIN
Natürlicher Essig – Apfelessig oder Reisessig
Fruchtsaft
Gersten, Malz- oder Reissirup
Wein, leichtes Bier oder Sake
Knoblauch
Ingwer
Shoyu (natürliche Soyasoße)
Miso (fermentierte Soyapaste)
Meeressalz
YANG

spannt und ruhig Sie danach sind, während eine gebackene Kartoffel ein reines Energiegericht ist und Ihnen viel Lebenskraft gibt.

Nach der Zubereitung der Lebensmittel spielt auch die Kochmethode eine Rolle. Je länger gekocht wird, desto mehr Yang entsteht *(s. Liste auf vorhergehender Seite)*. Eine langsam gekochte Gemüsesuppe ist viel stärker Yang als eine rohe Karotte, denn sie nimmt sehr viel Yang-Energie aus dem Feuer auf. Aus diesem Grund haben Sie an einem heißen Tag mehr Lust auf eine rohe Karotte, um mehr Yin aufzunehmen und abzukühlen und sehnen sich an einem kalten

Nahrungszubereitung *Das Schneiden der Zutaten kann die Yin-Yang-Balance der Zutaten beeinflussen. Ein ganzer Apfel ist beispielsweise ziemlich Yang, doch sobald er in Scheiben geschnitten wird, wird er eher Yin.*

Tag nach einer warmen Karottensuppe, um Yang aufzunehmen und dadurch wärmer zu werden.

Der Einfluss von Farben

Auch die Umgebung, in der Sie die Nahrung zubereiten, hat einen entscheidenden Einfluss auf die Yin-und Yang-Balance der Mahlzeit. Die Farben des Geschirrs, der Küche und des Esszim-

Yin-Menüs

IHRE TÄGLICHE ERNÄHRUNG

Diese Menüvorschläge stammen zum Teil aus der Vollwertküche und sollen Ihnen helfen, sich gesund und ausgewogen zu ernähren. Wichtig ist, bei den einzelnen Gängen einer Mahlzeit auf die Ausgewogenheit zwischen Yin und Yang zu achten, dadurch können Sie vermeiden, zu sehr Yang und gestresst oder zu sehr Yin und depressiv zu werden.

MITTAGESSEN
Couscous mit gebratenem Tofu und angedämpftem Chinakohl
Frische Nudeln mit Pesto und Salat
Garnele und Salatsandwich
Rotwein oder Weißwein

SNACK
Rosinen
Frisches Obst
Reiswaffeln und zuckerfreie Marmelade
Rohe Karotten oder Gurken

FRÜHSTÜCK
Porridge – Haferflocken mit Rosinen und Wasser
Rohes Obst –Melone
Frisches warmes Brot mit Erdnussbutter und/oder zuckerfreier Marmelade
Fruchtsaft – Pfirsich, Apfel oder Orange
Kamillentee

ABENDESSEN
Klare Brühe
Angebratene Polenta mit gebratener Pilzsoße und blanchiertem Gemüse
Tintenfischsalat und Brot
Nudeln mit Meeresfrüchten, Tomatensoße und Salat
Obstsalat
Fruchtsaft, Rotwein, Weißwein oder Sekt

GETRÄNKE
Pfefferminztee mit braunem Reissirup oder Honig
Frischer Fruchtsaft
Gemüsesaft
Rotwein oder Weißwein
Leichtes Bier
Sekt

mers, die Möbilierung und Dekoration stärken den Fluss der Yin- oder Yang-Qi-Energie.

Die Farben haben einen direkten Einfluss auf Ihre Launen und Emotionen. Dunkle Farben – Rot, Purpurrot und Dunkelblau – sind vorrangig Yang, während helle Farben – Gelb und alle Pastellfarben – mehr Yin sind. Die Farbe der Nahrung, die Sie essen, das Geschirr, die Tischdecke und Servietten und die gesamte Einrichtung des Raumes sind ausschlaggebend. Um die Yang-Energie einer Mahlzeit zu erhöhen, können Sie rote Servietten benutzen oder leuchtend bunte Blumen auf den Tisch stellen. Wenn Sie durch die Gesichtsdiagnose festgestellt haben, dass Sie vorrangig Yang und anfällig für Stress und Ungeduld sind, sollten Sie Ihre Küche oder Ihr Esszimmer in beruhigenden Farben, etwa ein blasses Blau oder Grün, streichen und so Ihr Wohlbefinden verbessern.

Weitere Überlegungen

Auch die Form der Gegenstände, die Materialien in Esszimmer und Küche, der Bezug von Tisch und Stühlen, das Licht und die Geräuschkulisse bei den Mahlzeiten können den Fluss Ihrer Qi-Energie verändern.

Runde oder eckige Tische, glänzende, reflektierende Materialien wie Spiegel oder Silber, offene oder leere Räume, helles Licht und laute, rhythmische Musik stärken die Yang-Qi-Energie im Raum, während leicht kurvige Formen, wie ein ovaler Tisch oder ovale Tischsets, matte Materialien, wie Kiefernholz oder Segeltuch, eine gemütliche Einrichtung, gedämpftes Licht und sanfte Musik eine entspannende und beruhigende Yin-Atmosphäre schaffen.

Yang-Menüs

FRÜHSTÜCK
Grobe Haferflocken mit gerösteten Sonnenblumenkernen, Meersalz und Wasser
Gedämpftes Obst – Apfel
Toast mit Tahin
Warmer Apfelsaft
Japanischer Banchatee

ABENDESSEN
Misosuppe
Gebratener brauner Reis mit Tofu und pfannengerührtem Wurzelgemüse
Gebratene Makrele mit Bratkartoffeln und geschmortem Wurzelgemüse
Spaghetti mit Lachssoße und blanchiertem Brokkoli
Bratapfel mit Walnüssen und Tahin
Wasser oder Bier

MITTAGESSEN
Brauner Reis mit pfannengerührtem Gemüse
Gerstenbraten mit Wurzelgemüse und lange gebratenem Tofu
Sandwich mit geräuchertem Lachs
Dunkles Bier

SNACKS
Geröstete Nüsse und Samen
Zuckerfreie Kekse
Toast mit Hummus
Tunfisch-Sushi

GETRÄNKE
Banchatee mit einem Teelöffel Sojasoße
Heißes Wasser mit Zitrone
Heißer Apfel- oder Birnensaft mit einer Prise Salz
Dunkle Biere

Alternative Therapien

Alle Komplementär-Therapien, von Aromatherapie bis zu Shiatsu, zielen darauf hin, die Qi-Energie in Ihrem Körper wieder auszugleichen und Ihre Gesundheit und Ihr Wohlbefinden zu stärken. Diese ganzheitlichen (oder holistischen) Behandlungen helfen Ihnen, je nach Ihrem momentanen Bedürfnis, mehr Yin oder mehr Yang zu werden.

Um die richtige Therapie zur Steigerung Ihres Wohlbefindens zu finden, müssen Sie zuerst feststellen, ob Ihre Beschwerden durch zu viel Yin oder zu viel Yang verursacht werden. Wenn Sie sich beispielsweise angespannt und gereizt fühlen, haben Sie zu viel Yang-Qi-Energie. In diesem Fall sollten Sie mithilfe von Yin-Therapien wie Tai Chi oder Meditation versuchen, sich mehr zu entspannen und das Yin-Yang-Gleichgewicht wiederherzustellen. Umgekehrt können Yang-Therapien wie Karate Ihnen helfen, Energie zu tanken, wenn Sie sich müde, hypersensibel oder unmotiviert fühlen; denn das sind alles Zeichen für zu viel Yin.

Die folgenden Listen zeigen Ihnen, welche Therapien Yin und welche Yang fördern und beschreiben die Grundprinzipien der einzelnen Therapien. Ich habe auch Kampfsportarten und Yoga integriert, denn im Osten sind sie Teil eines ganzheitlichen Heilungsprozesses.

Das Yin stärken

Die folgenden Therapien sind gut für Sie, wenn Sie sich zu sehr Yang fühlen – angespannt, gereizt, frustriert, ungeduldig oder ängstlich. Sie fördern Ihre Entspannung und beruhigen den Geist.

Tai Chi Die langsamen Übungen bewegen die Qi-Energie um Ihren Körper herum. Diese Therapie wird oft als „Meditation in Bewegung" beschrieben und löst Stress und Verspannungen, verbessert das Immunsystem und stärkt den Kreislauf. Mit der Zeit, nach zwanzig oder mehr Jahren, kann sie auch als wirksame Kampfkunst angewendet werden; denn dann baut der Übende auch eine starke innere Yang-Qi-Energie auf.

Qi-Gong Langsame Bewegungen befördern das Qi durch schwache Organe und fördern so den Heilungsprozess.

Yoga Die Dehn- und Atemübungen entspannen Geist, Körper und Seele. Es gibt verschiedene Formen des Yoga, meist handelt es sich um sanfte Übungen. Manchmal werden aber auch energetische Übungen integriert – dieser Typ ist dann eher Yang und wirkt trotz der Entspannung revitalisierend.

Meditation Das ist eine der stärksten Yin-Formen der Selbstheilung. In der Meditation werden Spannungen gelöst und die vollkommene physische und geistige Entspannung gefördert, indem der Qi-Energiefluss ruhig durch den Körper geführt wird. Die Meditation verringert den Blutdruck, fördert tiefen Schlaf und heilt Depressionen.

Aromatherapie Bei dieser Behandlung werden mit ätherischen Ölen Verspannungen gelöst, die gesamte Gesundheit wird gefördert. Die Öle können in der Badewanne, in Duftlämpchen oder als Teil einer entspannenden Massage verwendet werden. Mit bestimmten Ölen können Beschwerden gelindert werden; einige Öle sind mehr Yin als andere.

Mehr Yin oder mehr Yang

Die Techniken dieser alternativenTherapien können Ihnen helfen, entweder mehr Yin oder mehr Yang zu werden, je nachdem, wie Sie sich fühlen.

Shiatsu Dieser Massagestil konzentriert sich auf den Energiefluss des Qi durch die Meridiane im Körper (s. S. 12). Entlang der Meridiane befinden sich die Tsubos, das sind Punkte, an denen die Qi-Energie am leichtesten beeinflusst werden kann. Jeder Punkt enthält entweder mehr Yin- oder mehr Yang-Qi-Energie und kann deshalb manipuliert werden, um das Yin-Yang-Gleichgewicht im gesamten Körper wieder herzustellen. Die Yang-Punkte werden mit Knet-, Trommel- oder Wiegetechniken bearbeitet, die Yin-Punkte werden eher gedehnt oder es wird die Hand aufgelegt, um die Entspannung zu fördern.

Akupunktur Diese Therapie basiert auf den gleichen Prinzipien wie Shiatsu, aber der Energiefluss wird durch das Einstechen von ganz feinen Nadeln in die Haut gefördert. Vor der Behandlung wird eine Puls-, Zungen-, Geruchs- und Gesichtsdiagnose durchgeführt, um festzustellen, ob Sie eher Yin oder Yang sind.

Makrobiotik Hier wird die Qi-Energie durch eine Veränderung in Ernährung und Lebensweise wieder ausgeglichen. Die Ernährung besteht hauptsächlich aus Vollkorngetreide und Gemüse und die Lebensweise fördert das positive Denken. So kann Ihr Immunsystem gestärkt und Gesundheit und Wohlbefinden gefördert werden.

Chinesische Pflanzenheilkunde In dieser Therapie werden die gleichen Diagnosetechniken wie in der Akupunktur angewendet, um festzustellen, welche Meridiane gestärkt werden müssen. Mit einer Mischung aus Kräutern wird die geistige, körperliche und emotionale Gesundheit verbessert. Die Mischung ist je nach Bedarf mehr Yin oder Yang.

Das Yang stärken

Wenn Sie sich müde oder depressiv fühlen, sind Sie vielleicht exzessiv Yin und sollten etwas Yang in Ihre Lebensweise einführen. Diese Therapien helfen, Sie zu energetisieren und zu motivieren.

Aikido Bei dieser Kampfkunst wird direkter körperlicher Kontakt angewendet. Die Bewegungen stärken den Bauch, der auch Hara genannt wird. Dies ist das Zentrum unseres Energiefeldes und der Punkt mit dem meisten Yang.

Karate Diese Kampfkunst basiert auf antiken chinesischen Formen des Boxens. Dazu gehören ziemlich anstrengende, schnelle Bewegungen, die mit Atemübungen koordiniert werden. Hier wird die Qi-Energie auf ideale Weise dazu gebracht, sich schneller im Körper zu bewegen.

Haut rubbeln Hierbei wird die Haut mit einem heißen, feuchten Baumwolltuch, einer Bürste oder einem Körperschwamm gerubbelt, um den Kreislauf anzuregen und den Energiefluss im Körper zu beschleunigen.

Fasten Der Verzicht auf Nahrung über eine bestimmte Zeit kann den Körper entgiften, den Stoffwechsel anregen und die Verdauung stärken. Es gibt verschiedene Formen des Fastens: Einige fördern das Yin – z. B. ausschließlich Fruchtsäfte trinken –, während andere das Yang fördern – z.B. eine Ernährung nur aus braunem Reis. Abgesehen von diesem Yin-Yang-Mix ist das Fasten selbst eher Yang.

Rolfing Bei dieser intensiven Massage werden Verspannungen gelöst durch das Dehnen und Entspannen des Bindegewebes, das Muskeln, Knochen und Organe miteinander verbindet.

Pilates Das sind langsame und kontrollierte Übungen, die schwache Muskeln isoliert stärken. Dehn- und Atemübungen machen die Gelenke beweglicher und lösen Muskelverspannungen.

Aktivitäten

Ihre Hobbys und die Sportarten sind wichtig. Ob Sie also lieber im Sportstudio schwitzen oder im Sessel sitzen und ein Buch lesen, hat einen großen Einfluss auf Ihre körperliche und emotionale Verfassung. Ihre Aktivitäten wirken entweder entspannend oder energetisierend und regen deshalb die Yin- oder die Yang-Qi-Energie an.

Alle Aktivitäten stärken entweder den beruhigenden Yin- oder den aktiven Yang-Energiefluss. Durch körperlich und geistig anstrengende Aktivitäten wie Fußball oder Schach wird Ihre Batterie wieder aufgeladen und der Yang-Energiefluss um Ihren Körper herum angeregt. Dadurch werden Sie wieder motiviert, konzentriert und selbstsicher. Weniger anstrengende und körperlich herausfordernde Tätigkeiten wie der Besuch einer Cocktailparty oder das Hören eines Lieblingsliedes entspannen und beruhigen den Geist und stärken dadurch Ihr Yin.

Wenn Sie durch die Gesichtsdiagnose festgestellt haben, dass Sie ein Yin-Typ sind mit großen Augen und ausgeprägten Wangenknochen, spüren Sie vielleicht, dass Sie in schlechten Zeiten zu Lethargie und Weinerlichkeit tendieren. Um Ihren Geist zu heben und Energie zurückzugewinnen, sollten Sie ein Yang-Hobby oder eine Yang-Sportart aussuchen *(s. Liste rechts)*. Eine Runde Joggen im Park bringt Ihr Herz auf Hochtouren und stärkt Ihre Lebenskraft. Wenn Sie kein sportlicher Typ sind, sollten Sie eine Runde Schach spielen oder sich einen schaurigen Film anschauen. Auch dadurch wird der Fluss der aktiven Yang-Qi-Energie im Körper angeregt.

In der Liste rechts finden Sie verschiedene Yin- und Yang-Aktivitäten. Versuchen Sie eine Mischung aus beiden zu finden, um einen gesunden und ausgeglichenen Lebensstil zu führen und nicht zu sehr Yin oder Yang zu werden.

Das Yin stärken

Wenn Sie sich überarbeitet, gestresst oder angespannt fühlen, ist es besser, Ihre Frustrationen nicht beim Squash herauszulassen, sondern eine dieser beruhigenden Aktivitäten zu wählen. Denn mit ihnen wird der Fluss der Yin-Energie gestärkt, und Sie können sich leichter entspannen.

Ausruhen Wenn Sie sich über lange Zeit gestresst gefühlt haben, ist es nötig, auszuruhen, um Krankheiten vorzubeugen. Legen Sie sich hin und versuchen Sie jeden einzelnen Körperteil zu entspannen. Dabei atmen Sie langsam und tief in den Bauch.

Malen Dieses therapeutische Freizeitvergnügen stimuliert Ihre fantasievolle und kreative Seite. Versuchen Sie mit Wasserfarben Stillleben oder Landschaften zu malen; dadurch wird das Yin am stärksten gefördert.

Das Yang stärken

Durch körperliche und geistige Aktivitäten wird Ihr Yang gestärkt. Je aggressiver das Spiel oder je schwieriger das Hobby, desto stärker wird das Yang gefördert.

Fußball Die körperliche Kondition und Koordination, die Sie brauchen, um den Fußball über das Feld zu schießen, hilft Ihnen, sich wacher, aktiver und voller Lebenskraft zu fühlen.

Squash Die Konzentration auf den kleinen fliegenden Ball fördert Ihre körperliche und geistige Aufmerksamkeit. Die glänzende Oberfläche des Squashfeldes weist auf sehr viel schnelle Yang-Energie hin.

Tanzen Unabhängig davon, ob Sie sich für Swing, Rock'n Roll oder Walzer entscheiden – das Tanzen ist ein sehr lustiges und geselliges Hobby. Um Ihre Yang-Energie zu stärken, eignet sich eher rhythmische Musik in einer lebhaften Atmosphäre.

Leichte Unterhaltung Die beste Möglichkeit, abzuschalten und den stressigen Tag zu vergessen, ist, Freunde zu treffen und zu plaudern. Achten Sie darauf, dass die Freunde entspannt sind, denn wenn sie gestresst sind, nimmt Ihr Yang noch mehr zu.

Einen romantischen Film sehen Lachen kann sehr viel Anspannung lösen, sodass Sie sich viel leichter entspannen und loslassen können.

Musik hören Nehmen Sie sich Zeit, entspannende Musik zu hören – Ihr Lieblingsstück aus der Klassik oder eine sanfte Melodie eignen sich am besten. Sehr laute und aufreibende Musik stärkt Ihr Yang.

Romantische Verabredung Jede romantische Erfahrung stärkt das Yin – das kann ein Kinobesuch oder ein Abendessen zu zweit bei Kerzenlicht sein. Das alles hebt Ihren Geist.

Gedichte schreiben Das Dichten stärkt Ihre kreative Ader. Sie werden feststellen, dass Sie sich viel einfacher entspannen und beruhigen können, wenn die Wörter frei und natürlich aus Ihrer Feder fließen.

Singen Auch das hebt Ihren Geist und lässt Freude aufkommen. Um sich zu entspannen, sollten Sie Lieder mit einem sanften und beruhigenden Rhythmus aussuchen.

Philosophieren Das Nachdenken oder Diskutieren über Philosophie oder große Fragen des Lebens weitet den Geist und lehrt Offenheit.

Spirituelle Praxis Beten, Singen oder Meditieren fördert Ihren inneren Frieden und gibt Ihnen ein Gefühl der vollkommenen inneren Ruhe.

Tennis Ein Tennismatch mit einem Freund kombiniert Ihre körperlichen Fähigkeiten mit geistiger Wachheit und stärkt Ihr Yang.

Schach Dieses Spiel fördert die geistige Aufmerksamkeit, erfordert hohe Konzentration und die Fähigkeit, mehrere Züge voraus zu denken.

Mountainbiking Durch Aufregung, physische Verausgabung, Geschwindigkeit und mögliche Gefahren wird dieser Sport zu einer Yang-Aktivität.

Bergsteigen Die Genauigkeit und Exaktheit, die bei diesem gefährlichen Sport nötig sind, feuert die Yang-Qi-Energie in Ihnen an. Die Felsen selbst tragen in sich Yang-Energie.

Fitness-Studio Nach dem Training im Sportstudio fühlen Sie sich neu belebt und bereit für alles. Um das Yin-Yang-Gleichgewicht aufrechtzuerhalten, sollten Sie zwischen den einzelnen Aerobic-Übungen Dehn- und Entspannungsübungen machen.

Spannenden Film anschauen Jeder spannende, gruselige oder aufregende Film, bei dem Sie auf die Vorderkante des Stuhls rutschen, fördert den Fluss der Yang-Energie.

Jogging Das ist eine einfache und praktische Übung, die entweder körperlich anstrengend oder entspannend ausgeführt werden kann. Das Laufen selbst ist Yang.

Wohnung dekorieren Basteln und Heimwerkerarbeiten fördern Aktivität und Motivation. Je schwieriger oder anstrengender die Arbeit ist, desto mehr Yang ist sie.

Positives Denken

Ist Ihre Tasse immer halb leer oder eher halb voll? Manchmal ist es schwer, die guten Seiten eines Problems zu sehen, aber nur negative Gedanken können die Qi-Energie stagnieren lassen und letztendlich zu Krankheiten führen. Nach dem Erkennen Ihres Charakters durch die Gesichtsdiagnose können Sie lernen, positiv zu denken.

Ihre persönliche Qi-Energie beeinflusst alle Zellen Ihres Körpers, denn sie bringt Gedanken und Emotionen zu jeder einzelnen hin. Negative Gedanken können tatsächlich krank machen – eine lange Periode voller Ärger kann den Fluss von negativer Qi-Energie so lange erhöhen, bis Sie sich tatsächlich körperlich schlechter fühlen. Es ist nötig, Probleme gleich zu lösen, wenn sie auftreten, denn sonst können sie langfristige Krankheiten hervorrufen.

Aber Ihre Qi-Energie beeinflusst nicht nur Ihre Gedanken, sie wird auch von Ihren Gedanken beeinflusst. Es ist deshalb wichtig, den Geist zu lehren, positiv zu denken – das verstärkt den Fluss der Qi-Energie.

Positiv leben

Die Farben und Formen, die Sie täglich umgeben, können Ihre Gedanken und Gefühle beeinflussen. Wenn Sie Stimulation benötigen, sollten Sie sich mit roten oder purpurroten Dingen umgeben – rote Schals tragen oder das Wohnzimmer rötlich streichen. Bei Vergesslichkeit verhelfen eckigte Objekte zu einer besseren Organisation – das Zeichnen eines geometrischen Bildes hilft, den Geist zu konzentrieren.

Wenn Sie mit einem Problem konfrontiert werden, ist es wichtig, weiter positiv zu denken. Versuchen Sie, sich auf irgendwelche positiven Seiten zu konzentrieren. Mit der Zeit werden Sie lernen, dass alles eine positive Seite hat.

Das Yin stärken

Wenn Sie die Tendenz haben, in schwierigen Zeiten wütend zu werden, sollten Sie etwas Ruhiges in Ihr Leben integrieren. Hier sind einige Visualisationsübungen, die den Fluss der Yin-Qi-Energie erhöhen.

Visualisierung der Natur Legen Sie sich bequem hin und atmen Sie langsam und tief. Versuchen Sie etwas aus der Natur zu visualisieren, das eine positive Wirkung auf Sie hat. Die aufgehende Sonne, eine wachsende Tulpe oder ein wunderschöner Vogel im Flug. Dann versuchen Sie sich vorzustellen, dass das Bild Ihren ganzen Körper mit positiven Gefühlen umhüllt.

Redetechnik Legen Sie sich auf den Rücken und sprechen Sie zu sich selbst über die Probleme, die Sie haben. Dabei sollten Sie mit sanfter, mitfühlender und beruhigender Stimme sprechen. Erinnern Sie sich selbst an die Erfolge in Ihrem Leben und betonen Sie Ihre besten Charakterzüge. Dabei stellen Sie sich vor, wie Ihre beruhigende Stimme durch Ihren ganzen Körper geht und jedes Körperteil neu belebt.

Sinnliche Visualisierung Legen Sie sich hin und entspannen Sie nach und nach jedes Körperteil. Dann stellen Sie sich ein Gefühl vor, das Ihnen gefällt – das kann die wärmende Sonne, ein kühlender See oder die Liebe eines Menschen sein. Versuchen Sie diese positiven Gefühle zu jedem Teil Ihres Körpers zu bringen.

Yin-Atemübungen Atmen Sie etwa vier bis fünf Sekunden langsam in den Bauch bis zum Brustkorb hoch, und halten Sie den Atem dann für einige Sekunden an. Dann atmen Sie langsam auf sieben bis neun Sekunden wieder aus. Achten Sie darauf, richtig auszuatmen, bevor Sie die Übung wiederholen.

Das Yang stärken

*Wenn Auseinandersetzungen oder Probleme dazu
führen, dass Sie lethargisch und depressiv werden
und keine Energie mehr haben, dann sollten Sie
den Fluss der Yang-Qi-Energie verstärken. Hier
sind einige Tipps:*

Visualisierung eines Ziels Setzen Sie sich auf einen
Stuhl mit aufrechter Lehne oder stellen Sie sich hin,
die Füße hüftweit auseinander. Dann tief und langsam atmen. Konzentrieren Sie sich auf etwas, was
Sie vorwärts treibt – der Besitz eines eigenen Hauses,
ein neues Auto oder Ihr Traumurlaub. Jetzt versuchen Sie sich selbst in dieser Situation vorzustellen,
je genauer desto besser.

Visualisierung eines Geräusches Setzen Sie sich hin
oder stellen Sie sich hin mit gespreizten Füssen. Tief
und rhythmisch in den Bauch atmen. Bei der Einatmung stellen Sie sich vor, ein großes Geräusch in
Ihnen drin zu produzieren, das Brüllen eines Löwen
beispielsweise. Bei der Ausatmung stellen Sie sich
dann vor, das Geräusch geht durch Ihren ganzen
Körper und füllt Sie mit Selbstvertrauen. Suchen Sie
sich ein Geräusch aus, mit dem Sie sich so stark fühlen, dass Sie Bäume ausreißen könnten.

Energieverstärker Stellen Sie sich mit gespreizten
Beinen hin. Bei jeder Einatmung stellen Sie sich vor,
starke Energie einzuatmen. Bei der Ausatmung stellen Sie sich dann vor, diese Energie belebt Ihren
ganzen Körper neu. Während Sie diese Energie in
Ihrem Körper aufbauen, sollten Sie die Kraft in
Ihrem Inneren spüren.

Yang-Atemübung Atmen Sie drei Sekunden lang tief
in den Bauch ein, dann halten Sie den Atem eine
Sekunde und atmen wieder eine Sekunde lang kräftig aus, dabei den Bauch anspannen. Eine weitere
Sekunde warten und dann die Übung wiederholen,
bis Sie einen Energieanstieg und einen Stimmungs-
wechsel verspüren.

Wenn es Ihnen schwer fällt, ein Problem zu lösen,
kann auch eine andere Umgebung helfen. Das Problem kann durch zu viel Yin oder zu viel Yang ausgelöst worden sein. Wenn Ihnen die Geduld fehlt, Probleme zu lösen, sind Sie zu sehr Yang. Eine Yin-Be-
schäftigung wie die Meditation hilft Ihren Geist zu
reinigen. Sie stellen dann vielleicht fest, dass die
Lösung ganz unerwartet kommt.

Tiefsitzende Verhaltensmuster sind jedoch sehr
schwer aufzulösen. Doch in der Gesichtsdiagnose
haben Sie gelernt, Ihre versteckten Züge zu erkennen
und wissen jetzt, warum Sie immer auf die gleiche
Weise reagieren. Sie können Ihren Geist dazu bringen,
positiv zu denken. Wenn Sie mit Depressionen auf
Probleme reagieren, sind Sie zu sehr Yin. Durch die
Veränderung Ihrer Ernährung oder durch andere
Sportarten können Sie den Yang-Energiefluss erhöhen
und die Negativität auflösen, die Sie daran hindert,
eine Lösung zu finden.

Urlaubserinnerung *Sie können die positiven Gedanken
in Ihrem täglichen Leben stärken, indem Sie schöne Erinne-
rungsfotos aufhängen – von einem tollen Urlaub beispielsweise. Um bei der Arbeit positiv zu bleiben, sollten Sie Er-
folgsnachweise auf Ihrem Schreibtisch platzieren. Um sich
selbst zum Erfolg anzuspornen, tragen Sie ein Foto Ihres
Traumhauses oder Traumautos mit sich.*

Ihre erste Gesichtsdiagnose

Zum Erlernen der Gesichtsdiagnose braucht man viel Geduld und Praxis; bei den ersten Sitzungen ist es sinnvoll, die Beobachtungen aufzuschreiben. Fotokopieren Sie diese Seite und tragen Sie dann Form, Farbe und Größe der einzelnen Gesichtszüge ein. Schauen Sie noch einmal auf den Seiten 68–69 nach, worauf Sie wirklich achten müssen und gehen Sie dann zurück zu *Kapitel 1 – Gesichter und Gesichtszüge*, um die Bedeutung der einzelnen Merkmale zu interpretieren.

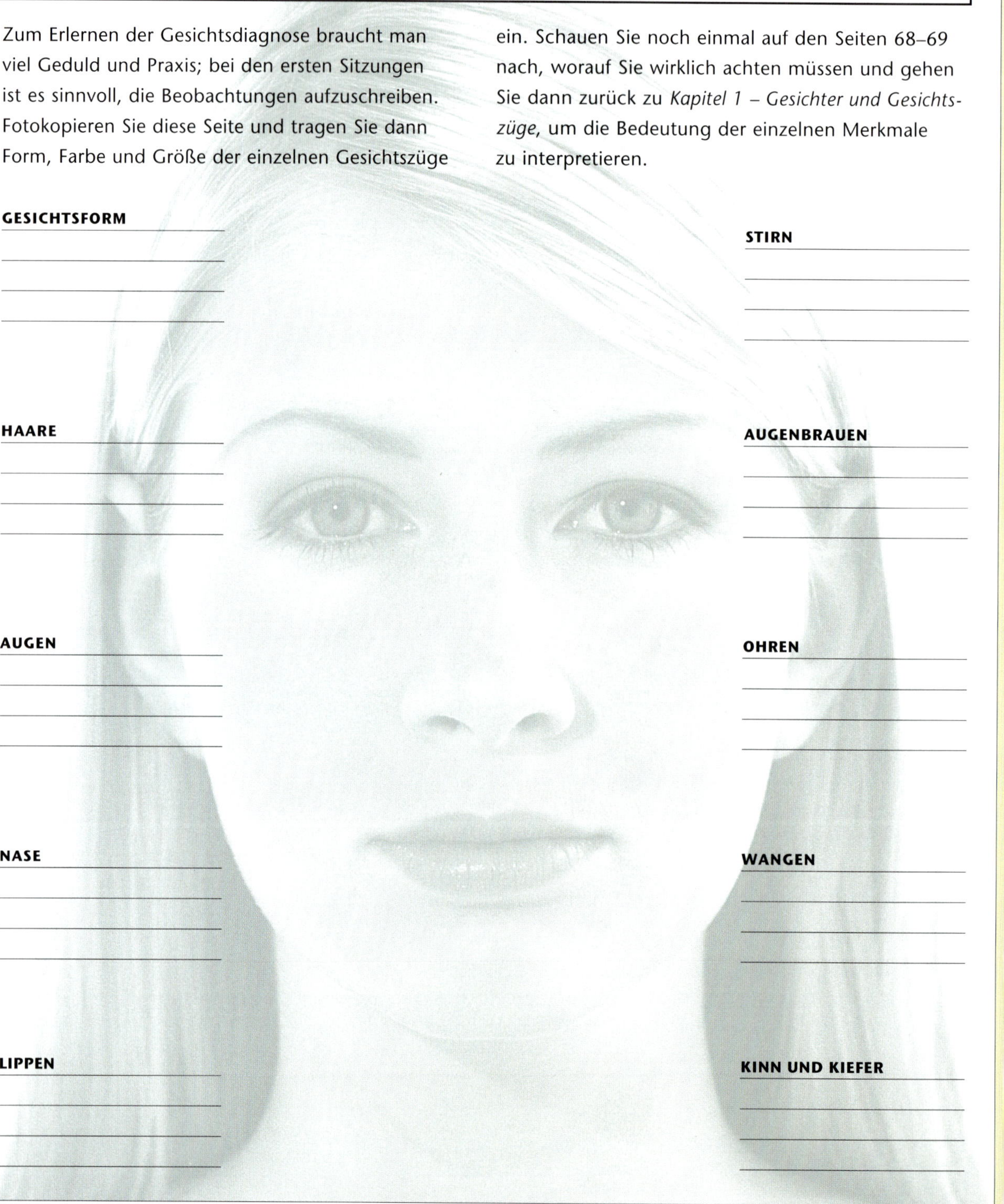

GESICHTSFORM

_____
_____
_____

STIRN

_____
_____
_____

HAARE

_____
_____
_____

AUGENBRAUEN

_____
_____
_____

AUGEN

_____
_____
_____

OHREN

_____
_____
_____

NASE

_____
_____
_____

WANGEN

_____
_____
_____

LIPPEN

_____
_____
_____

KINN UND KIEFER

_____
_____
_____

Stichwortverzeichnis

Danksagungen

Ich möchte allen herzlich danken, die ihren Teil dazu beigetragen haben, dass ich dieses Buch schreiben konnte. Ein Dankeschön an alle aus der Familie Brown, besonders an meine wunderbare Mutter Patsy, an die prachtvolle Dragana, die Liebe meines Lebens, an meine geliebten Kinder Christopher, Alexander, Nicholas und Michael; ebenso danke ich Adam und Angela und ihren Kindern und den Waxmans, besonders Melanie und Denny, für ihre Starthilfe. Ein riesiger Dank geht an Boy George für all seine Hilfe und an all meine Freunde einschließlich Lucy und Keith Richmond, Enno und Dusica von Landmann, Michael Maloney, Leonard Vučinić und meinen ältesten und treuesten Freund Jeremy Parkin. Ich danke meinen Lehrern Michio und Aveline Kushi und Shizuko Yamamoto, meinen Kollegen Maria und John Brosnan, Stephen Skinner von *Feng Shui for Modern Living*; Jon Sandifer und allen von der Feng Shui Society. Danke an alle meine Klienten, die mir die Möglichkeit gegeben haben, die Gesichtsdiagnose in der Praxis zu studieren und allen Carrolls und Browns, besonders Amy Carroll, Denise Brown und Caroline Uzielli. Ein sehr großes Dankeschön auch an Anita Roddick und Julie Robertson von The Body Shop und Jilly Forster von The Forster Company, die mir das Vertrauen gegeben haben, dieses Buch voranzutreiben.

SIMON BROWN

FOTOQUELLEN:
Seite 10: Stone
Seite 92: Rex Features
Seite 107 (rechts, oben und unten): Rex Features

Über den Autor

Simon C. Brown begann seine Karriere als Designtechniker und ließ zwei Erfindungen auf seinen Namen patentieren. 1981 begann er mit dem Studium der östlichen Medizin und qualifizierte sich als Shiatsu-Therapeut und Berater für Makrobiotik. Er war ein enger Schüler von Michio Kushi in den USA und Großbritannien und half ihm bei Kursen und Beratungen. Sieben Jahre lang war er Direktor der Communitiy Health Foundation in London, ein Institut, das viele Kurse über chinesische und japanische Heilkünste anbot. Später arbeitete er an Projekten von Anita Roddick aus dem Body Shop und Jilly Forster von der Forster Company mit, bei denen die Gesichtsdiagnose in Werbekampagnen eingesetzt wurde und ein Service in Gesichtsdiagnose in ausgesuchten Verkaufsstellen angeboten wurde. Simon hat in vielen Zeitschriften zahlreiche Artikel über dieses Thema veröffentlicht. Auch Feng Shui gehört zu seinen Hauptinteressen. Unter seinen Klienten finden sich namhafte Firmen wie British Airways und bekannte Persönlichkeiten wie Boy George. Momentan schreibt er regelmäßig Artikel für die Zeitschrift *Feng Shui for Modern Living* und veranstaltet Ausbildungskurse in ganz Europa und den USA. Er ist einer der bekanntesten Berater in Feng Shui und hat eine Reihe von Bestsellern geschrieben.